中国高铁出版工程——科普系列·高铁史话

全国高校出版社主题出版
全国中小学图书馆（室）推荐书目
四川省年度重点出版规划项目
四川省版权走出去专项补助资金项目
四川省农家书屋重点图书推荐书目
"科普阅读联合行动"100部优秀科普图书推荐书目

高铁简史

编著：胡启洲　李香红　曲思源

西南交通大学出版社
·成　都·

图书在版编目（CIP）数据

高铁简史 / 胡启洲，李香红，曲思源编著. —成都：西南交通大学出版社，2018.6（2020.12 重印）

（高铁史话）

ISBN 978-7-5643-6259-1

Ⅰ. ①高… Ⅱ. ①胡… ②李… ③曲… Ⅲ. ①高速铁路–铁路运输–交通运输史–中国 Ⅳ. ①F532.9

中国版本图书馆 CIP 数据核字（2018）第 144218 号

高铁史话

高铁简史

编著 胡启洲 李香红 曲思源

出 版 人	阳 晓
策 划 编 辑	黄庆斌
责 任 编 辑	杨 勇
封 面 设 计	SA 工作室
出 版 发 行	西南交通大学出版社 （四川省成都市二环路北一段 111 号 西南交通大学创新大厦 21 楼）
发行部电话	028-87600564　028-87600533
邮 政 编 码	610031
网 　 址	http://www.xnjdcbs.com
印 　 刷	四川煤田地质制图印刷厂
成 品 尺 寸	170 mm × 230 mm
印 　 张	11.25
字 　 数	168 千
版 　 次	2018 年 6 月第 1 版
印 　 次	2020 年 12 月第 2 次
书 　 号	ISBN 978-7-5643-6259-1
定 　 价	35.00 元

图书如有印装质量问题　本社负责退换

版权所有　盗版必究　举报电话：028-87600562

前　言

"高度改变视野、角度改变观念、尺度把握人生",而"速度"改变交通工具,"运能"改变交通方式,"安全"掌控交通安全。高铁就是改变人类生活的交通工具,"没有最快,只有更快"。高铁相对于其他交通运输方式,输送能力强、速度较快、安全性好、正点率高、能源消耗较低、对环境影响较小、占地较少、舒适方便、经济效益可观、社会效益好,并以其特有的技术优势适应了现代社会经济发展的新需求,成为世界各国发展的必然选择。特别是中国高铁的发展和运营实践表明,高铁在我国有很大的发展空间和潜力,我国应充分利用后发优势,实现我国高速铁路的跨越式发展。因此,《高铁简史》作为一本介绍高铁的基本知识、概念术语与发展历程等的读物,整理了现阶段高铁的主要成果。本书主要从理论与技术两个不同的方面,向读者阐述高铁的内涵,并结合高铁的特点与世界发展态势,介绍了高铁的研发意义。本书主要内容有:

(1)高铁的概念术语。高铁的相关术语,特别是高铁界定和速度分类,以及高铁的主要属性特征等,如速度、运能、安全性、舒适性、经济性、节能性、环保性等。

(2)高铁的发展历程。介绍轮轨高铁、磁浮高铁和超级高铁等三类高铁的发展历程、技术特性、应用前景等特性。即高铁发展的过去、现在和未来。主要是:一方面,从时间上讲述高铁的发展历程——昨天、今天和明天;另一方面,从空间上,对各国高铁发展态势做对比分析(特别是日本、法国、德国和中国的高铁对比分析),通过对比分析,让读者了解我国的高铁在世界上的发展态势,是"质量"上世界排名第一,还是"数量"上世界排名第一。

(3)高铁环境下的区域一体化。不同高铁类型,促进不同区域一体化。轮轨高铁促进了区域一体化,磁浮高铁促进了各洲一体化,超级高铁促进了全球一体化，即地球村。所以，必须重视高铁发展，哪个国家拥有高铁（轮轨高铁、磁浮高铁、超级高铁等）核心技术，该国家就拥有世界。

本书由南京理工大学高速铁路科学研究所胡启洲团队创作。团队成员主要有上海铁路局曲思源总工、河南理工大学李香红副教授、宋晖颖老师，南京理工大学诸云副研究员、谈敏佳博士研究生和周畅、陈杰、丛子荃、杨莹、李晓菡、岳民、曾爱然、周浩等硕士研究生。

作为科普读物，惠及大众是我们每个人的最高境界。但本书部分图片和内容来自网络，由于无法找到源头，在此向原作者及相关人员表示感谢和敬意。在写作本书的过程中，编者得到了编辑部同仁的无私帮助，在此也表示衷心感谢。

本书可以作为科研工作者、工程技术人员、管理工作者、大专院校师生以及高铁爱好者的读物。由于时间关系和水平有限，书中难免有疏漏和不当之处，敬请大家赐教批评。

编著者

2018 年 3 月

目 录

第1章 绪 论 ·· 1
  1.1 高铁的产生条件 ····························· 2
  1.2 高铁的三次飞跃 ····························· 5
  1.3 高铁的不同类型 ···························· 10
  1.4 高铁的属性特征 ···························· 12
  1.5 小 结 ··· 17

第2章 高铁的概念术语 ·························· 18
  2.1 高速铁路概述 ······························· 20
  2.2 高速铁路定义 ······························· 25
  2.3 高铁的速度界定 ···························· 33
  2.4 小 结 ··· 35

第3章 高铁的属性特征 ·························· 37
  3.1 输送能力 ····································· 37
  3.2 速 度 ··· 40
  3.3 安全性 ·· 42
  3.4 正点率 ·· 44
  3.5 能源消耗 ····································· 45
  3.6 环境影响 ····································· 46
  3.7 占用土地面积 ······························· 48
  3.8 舒适性 ·· 49
  3.9 经济性 ·· 50
  3.10 社会性 ······································ 52
  3.11 小 结 ······································· 53

第 4 章 第一类高铁：轮轨高铁 ································ 54
4.1 轮轨高铁的基本特征 ································ 58
4.2 轮轨高铁的发展态势 ································ 62
4.3 轮轨高铁的发展愿景 ································ 92
4.4 小　结 ································ 93

第 5 章 第二类高铁：磁浮高铁 ································ 94
5.1 磁悬浮技术的基本原理 ································ 96
5.2 磁浮交通的主要特性 ································ 103
5.3 磁悬浮列车的基本架构 ································ 106
5.4 磁悬浮列车的主要类型 ································ 109
5.5 磁浮高铁的发展历程 ································ 110
5.6 轮轨高铁和磁浮高铁差异性 ································ 119
5.7 小　结 ································ 122

第 6 章 第三类高铁：超级高铁 ································ 123
6.1 超级高铁的基本原理 ································ 125
6.2 超级高铁的发展历程 ································ 127
6.3 超级高铁的架构设计 ································ 128
6.4 超级高铁的界定 ································ 133
6.5 超级高铁的发展愿景 ································ 148
6.6 小　结 ································ 150

第 7 章 高铁环境下的地球村 ································ 151
7.1 高铁环境下的各洲一体化 ································ 153
7.2 高铁环境下的区域一体化 ································ 162
7.3 高铁环境下的全球一体化 ································ 165
7.4 超级高铁下的地球村 ································ 170
7.5 小　结 ································ 171

参考文献 ································ 172

第1章 绪 论

随着 1964 年 10 月 1 日，世界上首条高速铁路（High-Speed Railway）在日本的正式营运，高铁开启了交通发展的新时代。没有最快，只有更快，速度和运能是人类永恒追求。无论哪种交通工具（普通火车、汽车、飞机、轮船等交通工具），人类不但要求它跑得快，而且要求它运能大。飞机虽然运行速度快，但运能有限；火车虽然运能大，但运行速度慢。因此，人类对交通工具的追求步伐一直没有停止，高速铁路就是人类对交通工具追求的智慧结晶。图 1.1 为法国轮轨高铁 TGV。

图 1.1 法国轮轨高铁 TGV

高铁是高速铁路的简称，是由专用线路、高速列车和专用控制系统等组成的大系统，因此高铁是一个系统概念，不是个体概念。高速铁路中"高速"是高铁的品质，"铁路"是高铁的属性。高速铁路除了轮轨式的高速铁路外，还有磁悬浮高铁和超级高铁。因此，狭义的高铁是指轮轨高铁运输

高铁简史

系统,广义的高铁包含轮轨高铁运输系统、使用磁悬浮技术的高速轨道运输系统以及真空轨道中的超级高铁运输系统。图 1.2 为高铁简图。

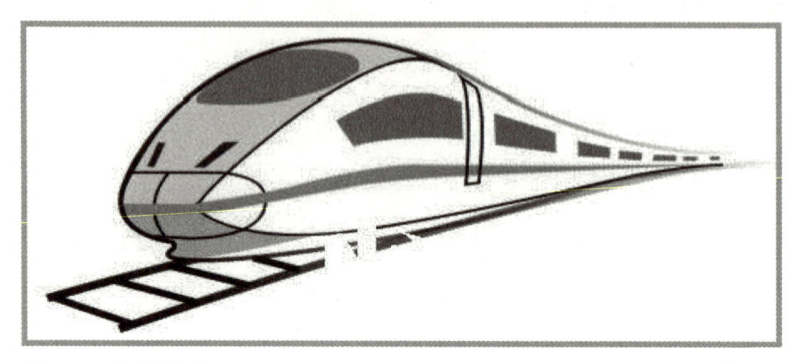

图 1.2　高铁简图

高速铁路已经成为世界各国发展中的一个热点问题,这是因为高速铁路具有其他交通工具难以比拟的技术优势:第一,速度快,法国轮轨高铁 TGV 列车曾创出 574.8 km/h 的世界纪录,日本磁悬浮高铁创出 603 km/h 的世界纪录,美国超级高铁创出 1 000 km/h 的世界纪录(超过了飞机常规飞行速度);第二,运量大,高速列车间隔时间可达到 4 min,单向每小时可开 12 列列车,这是公路和航空所无法相比的;第三,安全性高,高铁线路设施的质量和精度都很高,列车运行控制系统是利用成熟的电子技术和智能软件,能确保两列车间的安全距离,世界各国的高速铁路极少发生人身伤亡事故;第四,全天候运行,高速列车可以全天候运行,不受雨、雪、雾、风的影响;第五,高铁还具有能耗低、节约用地、环境污染轻、舒适度高等特点。因此,高铁自诞生以来受到世界各国的欢迎。

1.1　高铁的产生条件

交通工具的产生,必须符合一定条件。而任何交通工具,人类从三个方面去评判它,符合这些要求就是好的交通工具,不符合就不是好的交通工具。首先,是评判它的功能性(速度、运能、安全);其次,是它的经济性（成本、能耗、效率）；最后，是它的生态性（噪声、辐射、环保）。高速铁路作为一种交通工具，在追求速度的同时也要考虑载重问题。因为快速和重载是人类永恒追求，而高铁正好满足人类需求。图1.3为轮轨高铁。

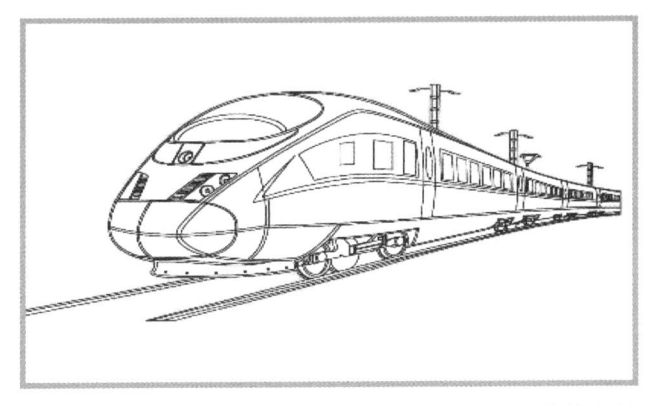

图1.3 轮轨高铁

1. 高铁的速度　速度是人类对交通运输工具的基本要求。正是高铁的快速性和高效性，高铁才获得人类的喜爱，得到大力发展。高铁速度和其他交通工具速度的对比，见图1.4。

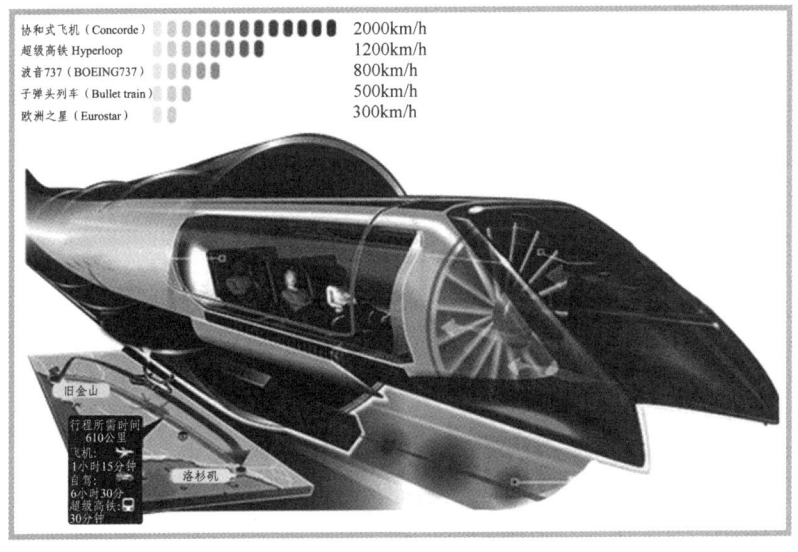

图1.4 不同交通工具的运营速度

高铁简史

2. **高铁的载重** 无论哪一种交通工具，人们都希望载重量越大越好，以满足人们对货运和客运的基本需求。通过高铁和现有交通工具（汽车、飞机、轮船、普通火车等）的载重量比较可知，高铁也是载重量最大的交通工具。高铁与其他交通工具载人数对比见图1.5。

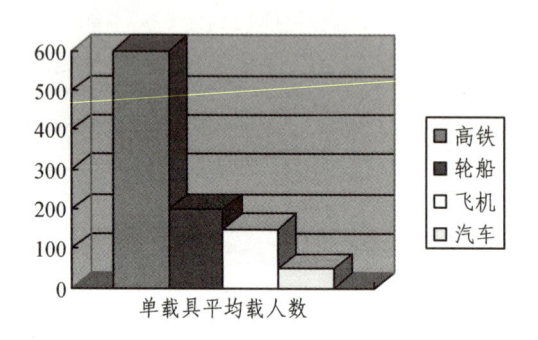

图 1.5 高铁与其他交通工具载人数对比

3. **高铁的安全** 高速铁路由于在全封闭环境中自动化运行，又有一系列完善的安全保障系统，所以其安全程度是任何交通工具无法比拟的。几个主要高速铁路国家，一天要发出上千对的高速列车，即使计入德国发生的事故，其事故率及人员伤亡率也远远低于其他现代交通运输方式。因此，高速铁路被认为是最安全的。超级高铁与各种交通工具安全性对比见图1.6。

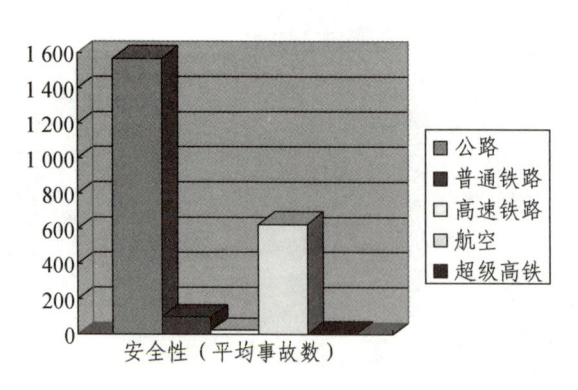

图 1.6 超级高铁与各种交通工具安全性对比

4

1.2 高铁的三次飞跃

为了满足人类对速度和运能的要求,高铁经历了三次质变,即三次飞跃。从轮轨高铁到磁浮高铁再到超级高铁,从运营速度 200 km/h 到 500 km/h 再到 1 200 km/h,人类不同的交通需求就有着 3 次不同的飞跃。

1.2.1 第一次飞跃:提高运营速度,轮轨高铁诞生

第一类:轮轨高铁。王者归来,地面速度提升。为了提高火车运行速度,有了第一次飞跃,即第一类高铁——轮轨式高铁诞生。如图 1.7 所示。

图 1.7 普通火车与轮轨高铁

对普通火车来说,运能是所有交通工具中的王者,但运行速度很难满足人类需求。因为普通火车都是以 200 km/h 以下的速度运行,不能满足人类对快速出行的需要。人们通过对轨道、车辆等的研究,特别是通过车型改进,来减少高速列车运行时的摩擦阻力和空气阻力,达到提高运营速度的目的。1964 年日本新干线上,高速列车运行速度达到 200 km/h 以上。火车运营速度 200 km/h 以上,就是高铁了。但轮轨高铁由于受空气阻力和摩擦阻力限制,只能运行在 200 km/h 和 400 km/h 之间。运营速度 400 km/h 是轮轨高铁的预警阀值,超过该速度极容易脱轨,发生交通事故。

图 1.8　轮轨高铁

轮轨高铁即轮轨式高速铁路，主要是在轨道上运行的高速铁路运输系统，简称轮轨高铁，也叫常规高铁。如图 1.8 所示，主要特征：

（1）轮轨高铁的运营速度：200～400 km/h。

（2）轮轨高铁的预警阈值：400 km/h。

（3）轮轨高铁的阻力情况：摩擦阻力和空气阻力。

轮轨高铁属于轮轨式的高速铁路。根据国际铁路联盟的定义，高速铁路是指通过改造原有线路（直线化、轨距标准化），使营运速率达到每小时 200 km 以上，或者专门修建新的高速新线，使营运速率达到每小时 250 km 以上的铁路系统。本书将轮轨高铁分为三种，具体见表 1.1。

表 1.1　轮轨高铁的类型

序号	类型	速度/（km/h）	名称	主要国家	备注
1	第一类型	200～300	低速轮轨高铁	日本、德国	400 km/h 是轮轨高铁运营速度极限值
2	第二类型	300～350	中速轮轨高铁	法国、中国	
3	第三类型	350～400	高速轮轨高铁	中国	

1.2.2　第二次飞跃：除去摩擦阻力，磁浮高铁诞生

第二类：磁浮高铁。腾空而起，地面巨龙出现。为了减少轮轨摩擦力，有了第二次飞跃，磁浮高铁，即第二类高铁，磁悬浮式高铁诞生。如图 1.9 所示。

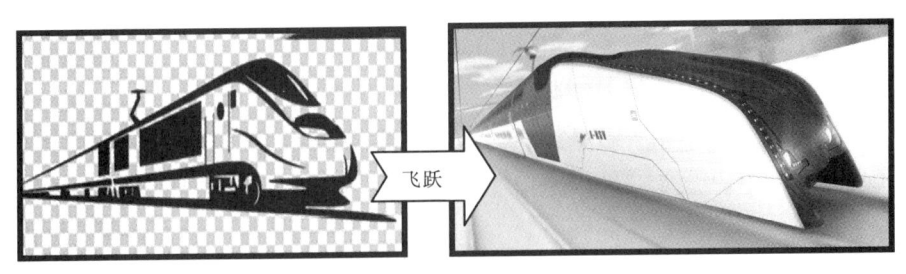

图 1.9 轮轨高铁与磁浮高铁

为了减少摩擦阻力,提高运行速度,满足人类快速出行要求,基于"异性相吸,同性相斥"原理,有了磁浮高铁,运行速度达到 400 km/h 以上。磁浮高铁运行中,磁浮列车不和轨道直接接触,而是浮在轨道上运行,这样没有了摩擦阻力,提高了运行速度。2015 年日本磁悬浮高铁运行速度达到 600 km/h 以上。磁浮高铁虽然不受摩擦阻力影响,但由于受空气阻力限制,也只能运行在 400 km/h 和 1 000 km/h 之间。运营速度 1 000 km/h 是磁浮高铁的预警阀值,超过该速度运营成本太高。

图 1.10 磁浮高铁

磁浮高铁即磁悬浮式高速铁路,主要悬浮在轨道上运行的高速铁路运输系统,简称磁浮高铁,也叫超导高铁。如图 1.10 所示,主要特征:

(1)磁浮高铁的运营速度:400~1 000 km/h。

（2）磁浮高铁的预警阀值：1 000 km/h。

（3）磁浮高铁的阻力情况：空气阻力，无摩擦阻力。

磁浮高速铁路属于磁悬浮式的高速铁路。磁悬浮列车作为一种新型的地面交通工具已从实验阶段走向了商业运营，克服了传统列车轮轨黏着限制、机械噪声和磨损等问题，具有速度快、爬坡能力强、能耗较低、运行时噪声低、安全舒适、不燃油、电磁波污染少等优点，成为人们梦寐以求的理想陆上交通工具。

磁悬浮列车从悬浮机理上可分为电磁悬浮（EMS，electromagnetic suspension）和电动悬浮（EDS，electrodynamic suspension）两种。磁力悬浮高速列车要使列车速度达到500 km/h，普通列车是绝对办不到的。如果把超导磁体装在列车内，在地面轨道上敷设铝环，利用它们之间发生相对运动，使铝环中产生感应电流，从而产生磁排斥作用，把列车托起离地面约10 cm，使列车能悬浮在地面上而高速前进。本书将磁浮高铁分为三种，见表1.2。

表1.2 磁浮高铁的类型

序号	类型	速度/（km/h）	名称	主要国家	备注（K=－273.15 ℃）
1	第一类型	400～600	低温磁浮高铁	日本、德国	4.2 K—液氦（稀少、成本高）
2	第二类型	600～800	常温磁浮高铁	日本	15 K—液氢（中等、一般）
3	第三类型	800～1 000	高温磁浮高铁	—	77 K—液氮（多、便宜）

磁悬浮列车是利用超导磁体使车体上浮，通过周期性地变换磁极方向而获取推进动力的列车。磁悬浮列车除速度快之外，还具有无噪声、无震动、省能源的特点，有望成为21世纪的主力交通工具。

1.2.3 第三次飞跃：减少空气阻力，超级高铁诞生

第三类高铁：超级高铁。真空飞行，运行速度无极限。为了减少空气阻力，有了第三次飞跃，超级高铁，即第三类高铁，真空管道悬浮高铁诞生。如图1.11所示。

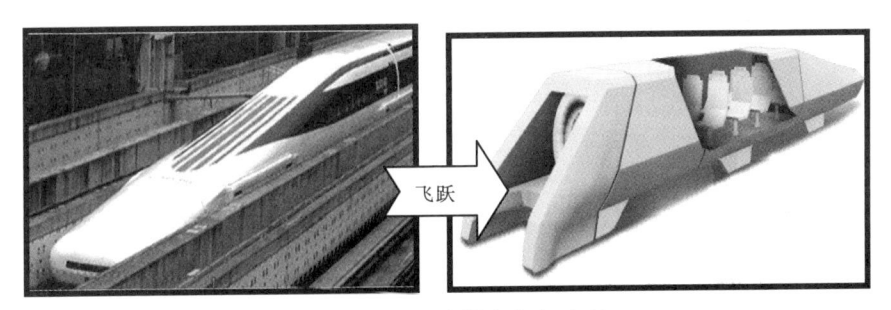

图 1.11　磁浮高铁与超级高铁

为了减少空气阻力,提高运行速度,满足人类快速出行要求,基于"真空管道"概念,有了超级高铁,运行速度达到 1 200 km/h（音速 340 m/s）以上。超级高铁由于在真空管道运行,不但没有空气阻力,也没有摩擦阻力,所以运行速度可以达到 1 200 km/h 以上。在真空管道里,由于没有摩擦阻力和空气阻力,超级列车就可以"任性"运行,运营 10 000 km/h 以上都是不成问题的。

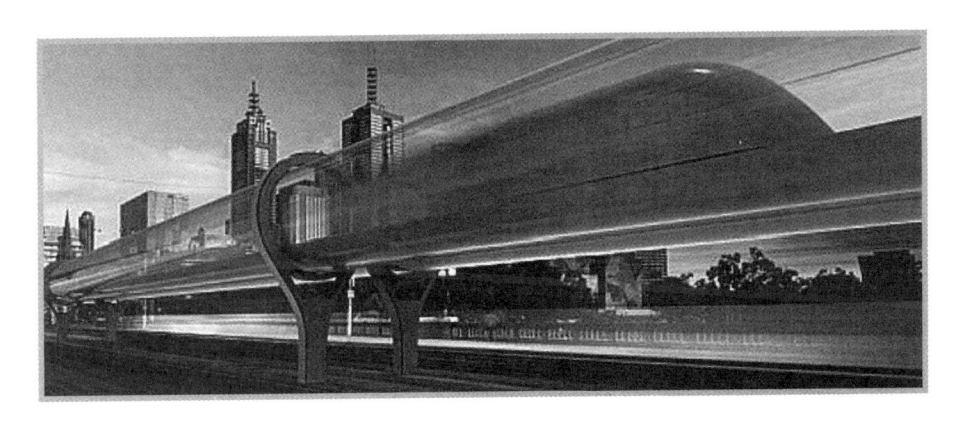

图 1.12　超级高铁

超级高铁即真空管道悬浮式高速铁路,主要在真空管道中悬浮运行的高速铁路运输系统,简称超级高铁,也叫真空高铁。如图 1.12 所示,主要特征:

（1）超级高铁的运营速度:1 200 km/h（音速 340 m/s）以上。

（2）超级高铁的预警阀值:没有限制,可以任性运行。

（3）超级高铁的阻力情况:无摩擦阻力、无空气阻力。

超级高铁属于真空管道式的高速铁路。超级高铁（Pneumatic Tubes）是一种以"真空钢管运输"为理论核心设计的交通工具，具有超高速、高安全、低能耗、噪声小、污染小等特点。超级列车有可能是继汽车、轮船、火车和飞机等之后的新一代交通运输工具，即第五种交通工具。本书将超级高铁分为三种，见表1.3。

表1.3 超级高铁的类型

序号	类型	速度/（km/h）	名称	主要国家	备注
1	第一类型	1 000～1 200	低音超级高铁	美国	音速：340 m/s，即1 224 km/h
2	第二类型	1 200～10 000	中音超级高铁	—	
3	第三类型	10 000～	高音超级高铁	—	

为了减少空气阻力，真空管道是不可回避的选择。对于超级高铁而言，超高速是21世纪地面高速交通的需求。这是因为：一方面，环保：要求电气化的轨道交通，人均二氧化碳排放量，汽车100 g/（人·km）、飞机140 g/（人·km）、铁路20 g/（人·km）。另一方面，快速：随着社会经济的发展，人们渴望超高速，而真空（或低压）管道是地面交通达到超高速的唯一途径。因此，今后超级高铁将是不可回避的选择。

1.3 高铁的不同类型

高铁除了轮轨式的高速铁路外，还包含使用磁悬浮技术的高速轨道运输系统和真空轨道中的超级高铁运输系统。而高铁运营速度的预警阀值，主要根据高速列车的能耗和对环境的破坏程度，从速度和经济的角度考虑，不适合商业运营速度。轮轨高铁的预警阀值：400 km/h；磁浮高铁的预警阀值：1 000 km/h。根据高铁运营原理和预警阀值，本书把高铁分为三类。

（1）第一类高铁：轮轨高铁。如图1.13所示，轮轨式高速铁路，主要在轨道上运行的高速铁路运输系统，简称轮轨高铁，也叫常规高铁。轮轨高铁的运营速度：200～400 km/h。轮轨高铁的阻力情况：摩擦阻力和空气阻力。

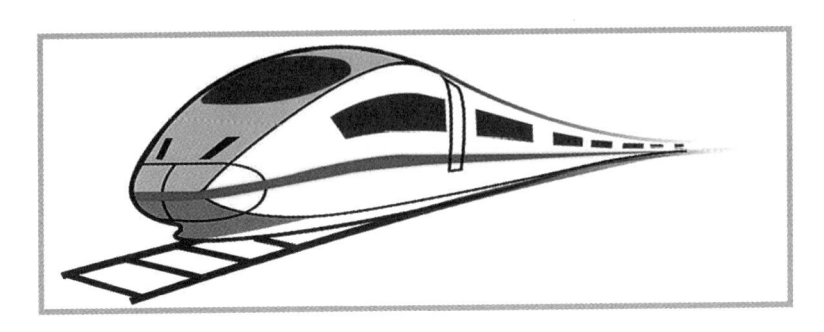

图1.13 轮轨高铁

（2）第二类高铁：磁浮高铁。如图1.14所示，磁悬浮式高速铁路，主要悬浮在轨道上运行的高速铁路运输系统，简称磁浮高铁，也叫超导高铁。磁浮高铁的运营速度：400～1 000 km/h。磁浮高铁的阻力情况：空气阻力，无摩擦阻力。

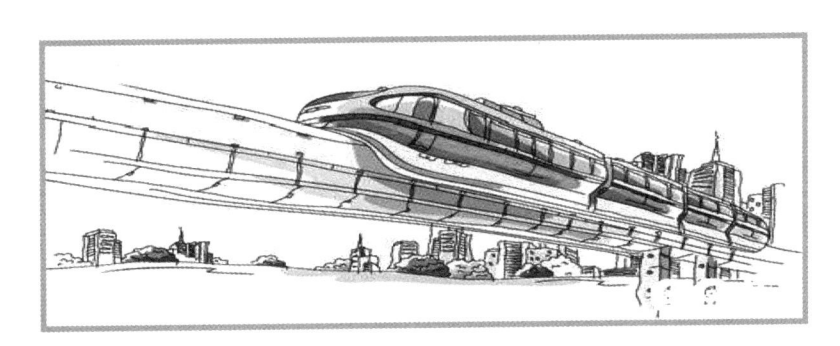

图1.14 磁浮高铁

（3）第三类高铁：超级高铁。如图1.15所示，真空管道悬浮式高速铁路，主要在真空管道中悬浮运行的高速铁路运输系统，简称超级高铁，也叫真空高铁。超级高铁的运营速度：1 200 km/h（音速340 m/s）以上。超级高铁的阻力情况：无摩擦阻力、无空气阻力。

高铁简史

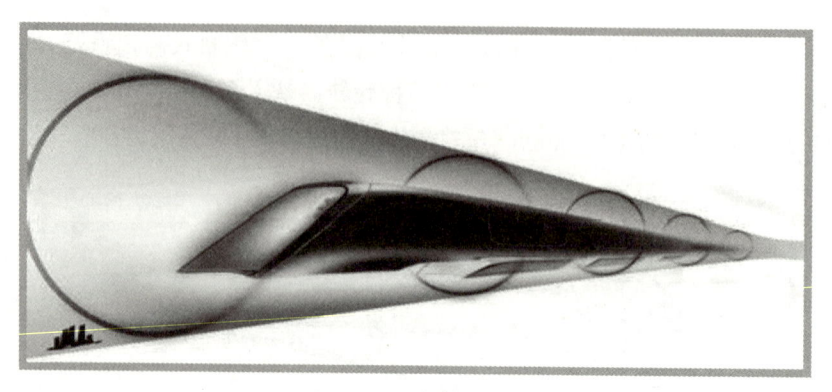

图 1.15　超级高铁

1.4　高铁的属性特征

高铁能够快速发展，和高铁自身特点及属性分不开。特别是高速铁路具有其他交通工具（汽车、飞机、普通火车等）难以比拟的技术优势。图 1.16 所示为日本轮轨高铁。

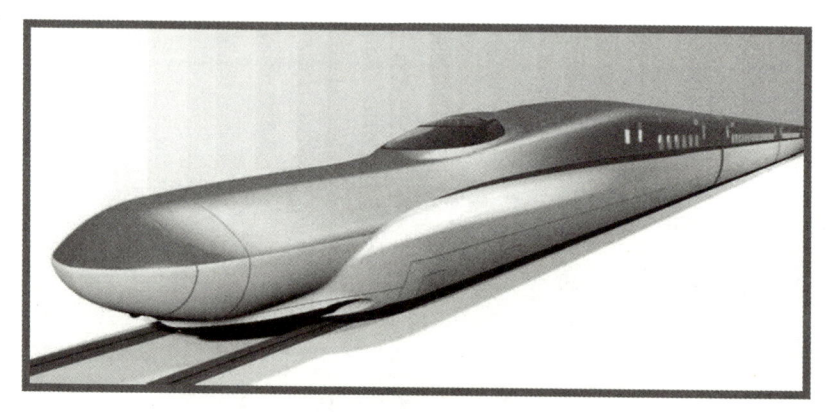

图 1.16　日本轮轨高铁

（1）高铁的速度快。高速铁路的试验速度已经超过 603 km/h，最高运行时速度 350 km/h 以上。特别是超级高铁的研发，超级高铁运营速度不但超越音速（340 m/s），而且超级高铁将改写人类历史。几种运输方式比较，图 1.17 中高速铁路优势明显。

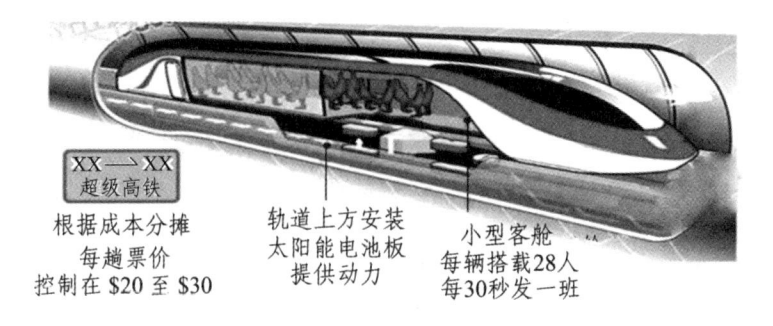

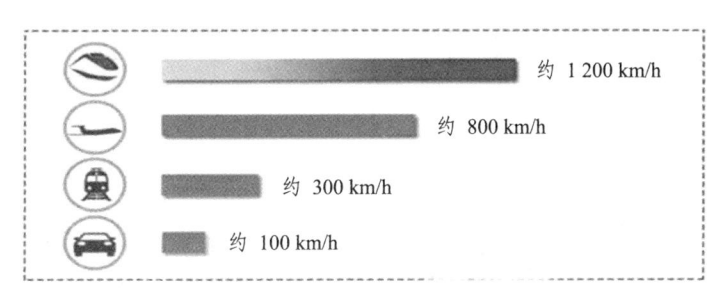

图 1.17 不同交通工具的速度

（2）高铁的客运量大。高铁目前主要用于客运，目前无论哪种交通工具，客运量都无法和高铁的客运量相比。例如：一条高速公路一年最大客运量不会超过 1 000 万人次。日本统计一条高速铁路一年客运量已达到 1 亿 5 000 万人次。高速铁路客运量如图 1.18 所示。

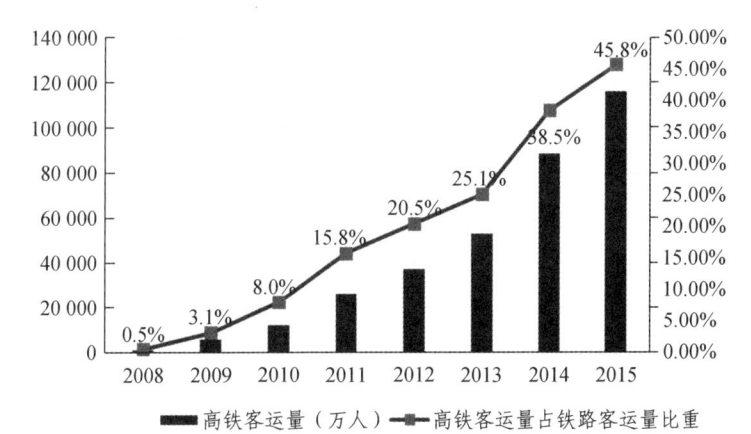

图 1.18 高速铁路客运量

高铁简史

（3）高铁的安全性高。在现有交通工具中，高铁是最安全的交通工具。如统计表明，每10亿人公里死亡人数中：铁路为1.971人，汽车为18.929人，飞机为16.006人；欧洲每年因公路交通事故死亡5万人，伤170万人，超过普通铁路的125倍；美国死于高速公路交通事故者每年约5万人，而死于铁路的约100人不到。从安全性来讲，高铁这种安全运输方式是汽车、飞机所不能比的。全球高铁事故分析见表1.4。

表1.4　全球高铁事故分析

序号	时间	国家	死亡人数/人	受伤人数/人	成因
1	1998	德国	101	88	轮箍断裂
2	2002	法国	12	10	线路短路
3	2005	日本	107	562	超速出轨
4	2011	中国	41	38	信号失效
5	2013	西班牙	80	111	超速行驶
6	2015	法国	11	32	行驶太快

（4）高铁的准点率高。高速铁路由计算机控制运行，它根据车内信号行车，而不是根据地面信号，风雨雪雾等恶劣天气，对它几乎没有影响。除非发生地震。飞机机场和高速公路等，在浓雾、暴雨和冰雪等恶劣天气情况下，则必须关闭停运。超级高铁在管道里面运行，风雨雪雾等恶劣天气对它更没有一点的影响，见表1.5。正点率高也是高速铁路深受旅客欢迎的原因之一。

表1.5　不同环境对交通工具影响分析

影响因素		高铁	飞机	汽车	普通火车
自然因素	风	很小	很小	大	大
	雨	很小	很小	大	大
	雷电	有	有	没有	有
	温度	很小	没有	很小	大
	泥石流	有	没有	有	有
	地震	有	没有	有	有
人为因素	抛异物	有	没有	有	有

（5）高铁的污染小。电气化高速铁路没有粉尘、煤烟和其他废气污染；虽然建造电厂也要污染，但如果拿这个发电厂的排污与公路、航空运输的排污量比较，结果显示是 1∶3∶4。另外，高速铁路的噪声比公路要小 5~10 dB（分贝）。不同交通运输方式对环境污染程度见表 1.6。

表 1.6　不同交通运输方式对环境污染程度一览表　g/（人·km）

名　称		道路运输	航空运输	高铁运输
排放物质	CO	1.26	0.51	0.003
	NO_x	0.25	0.7	0.1
	CO_2	111	158	28
	SO_2	0.03	0.05	0.01
噪声（内部）	dB（分贝）	76	81	68

（6）高铁的占地少。与四车道的高速公路相比，高铁的用地只有高速公路的一半，且大多建在专用桥梁上，无碍于地面用地。要完成一条高速铁路的运量，高速公路需要八车道。如铁路占地宽 13.8 m，六车道高速公路占地宽 37.5 m。图 1.19 所示为高速铁路专用桥梁。

图 1.19　高速铁路专用桥梁

（7）高铁的能耗低。在所有交通工具中，高铁运行的能耗低，人均百公里能耗仅为 3.6 kW·h 电，相当于飞机能耗的 10%。各种交通方式的能耗比如图 1.20。

高铁简史

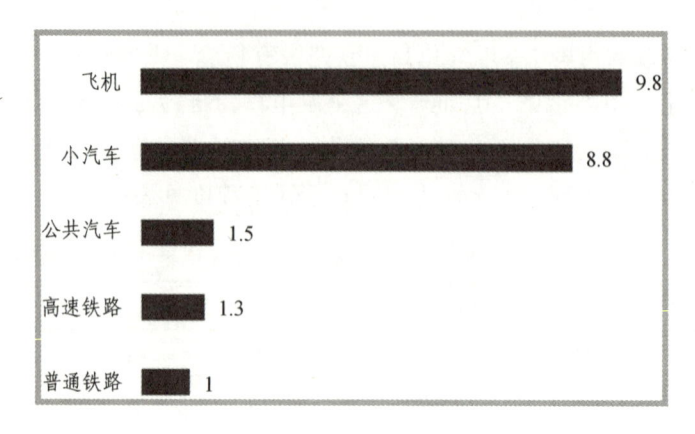

图 1.20　各种交通方式的能耗比

（8）高铁的舒适性高。高速铁路列车车内布置非常豪华，工作、生活设施齐全，座席宽敞舒适，走行性能好，活动空间大，运行非常平稳。减震、隔音，车内很安静。乘坐高速列车旅行几乎无不便之感，无异于愉快的享受。旅客卧、坐、行都比其他运输方式舒适。图 1.21 所示为动车组商务座。

图 1.21　动车组商务座

高铁优点较多，除了上述优点外，还有它的社会效益、经济效益、环境效益和外部边界效益，见表 1.7。

表 1.7 高速铁路的优点

优点	具体内容	
运输能力大	一个长编组的列车可以运送 1 000 多人	运行间隔 3 min，运力强大
适应自然环境	可以全天候运行	基本不受雨雪雾的影响
发车间隔短	采取"公交化"的模式	旅客可以随到随走
节能环保	绿色交通工具	节能减排

1.5 小 结

自 1964 年日本建成世界上第一条高速铁路以来，高速铁路从无到有，迅速发展，到 2024 年全球将步入"高铁时代"。因此，《高铁简史》一书将科普"高铁"这一新兴的概念，系统地向读者介绍高铁系统的概念术语、架构功能、发展态势等，让读者了解高铁的过去、现在和将来。

第 2 章 高铁的概念术语

高速铁路作为一种安全可靠、快捷舒适、运载量大、低碳环保的运输方式，已经成为世界交通业发展的主流交通方式，引领人类走向新时代。据国际铁路联盟统计，截至 2016 年 12 月 31 日，世界所有国家和地区高速铁路总营业里程 3.1 万千米，在建高铁规模 4 883 km，规划建设高铁 12 570 km。见表 2.1。

表 2.1 部分国家高速铁路运营里程

国　家	中国	日本	法国	德国	西班牙	意大利	韩国
运营里程 / km	21 688	3 300	2 044	1 292	2 065	1 525	420

对于"高速铁路"一词，一直没有统一的定义，所以不同的组织或国家均对"高速铁路"有各异的标准。但近年各地的标准均趋于接近，国际铁路联盟（英文全称是 International Union of Railways，UIC 是法文 Union Internationale des Chemins de Fer 全称的缩写）的建议是指通过改造原有线路使其设计速度达到 200 km/h，或新建线路的设计速度达到 250 km/h 以上的线路为高速铁路。本书依据运输工具 3S（速度 Speed、空间 Space、服务 Service，简称 3S）理论认为，高铁应该满足 3S 理论，即：高速铁路的列车速度(Speed)快、乘坐空间(Space)大(舒适程度高)、服务水平(Service)的质量好。图 2.1 所示为中国轮轨高铁。

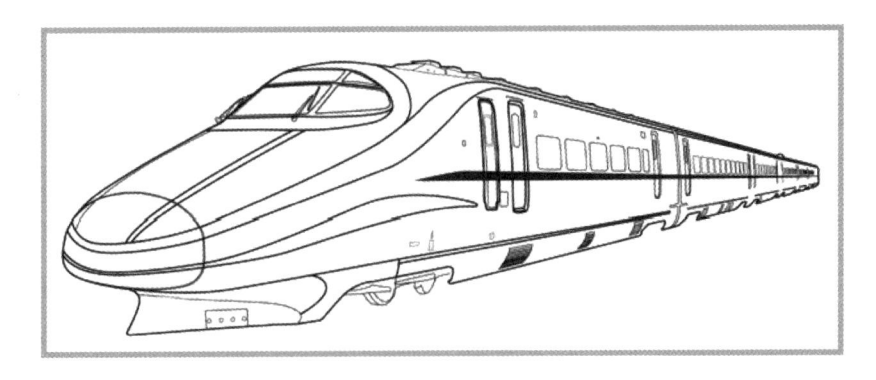

图 2.1 中国轮轨高铁

高速铁路是一个系统，简称高铁系统。它包括狭义高铁和广义高铁。即：

（1）狭义高铁："狭义"上的高速铁路，是指传统的轮轨式高速铁路运输系统，这也是最普遍的一种理解，也叫常规高铁。

（2）广义高铁："广义"上的高速铁路，是指传统的轮轨式高速铁路运输系统，使用磁悬浮技术的高速轨道运输系统，以及超级高铁运输系统等。广义高铁系统的分类见表 2.2。

表 2.2 高速铁路的类型

序号	类型	名 称		运营速度/（km/h）	备 注
1	第一类高铁	轮轨高铁	低速轮轨高铁	200～300	轮轨式高铁
			中速轮轨高铁	300～350	
			高速轮轨高铁	350～400	
2	第二类高铁	磁浮高铁	低温磁浮高铁	400～500	磁悬浮式高铁
			中温磁浮高铁	500～800	
			高温磁浮高铁	800～1 000	
3	第三类高铁	超级高铁	低音超级高铁	1 000～1 200	真空管道磁悬浮高铁
			中音超级高铁	1 200～10 000	
			超音超级高铁	大于 10 000	

高铁简史

2.1 高速铁路概述

世界经济发展历史表明，高铁发挥着举足轻重的作用。这是因为高铁的建设，一方面使铁路客运能力得到极大的扩充，使城市间的时空距离大大压缩，给人们出行带来极大的方便；另一方面也充分提高了运输能力，进一步提高了服务质量。但高铁的形成有两个基本条件，满足这两个条件高铁才能出现和生存。第一个条件是人口稠密、生活水准较高的城市，能够承受比较昂贵的票价和多点停靠，如法国巴黎和德国柏林为核心的欧洲大陆、日本密集的城市等，成为高铁诞生地；第二个条件是较高的社会经济和科学基础，能够保证高速轮轨的施工、运行与维修需要等，如日本、法国、德国等。通过多年发展，高铁在德国、法国、日本和中国等国家都有了自己的发展模式。

（1）日本新干线（Shinkansen），单线模式。单线模式是全部修建新线，线路旅客列车专用，没有形成网络，以单线运行为主。1964年10月1日东海道新干线正式开通营业，运行速度达到210km/h，日均运送旅客36万人次，年运输量达1.2亿人次。这条专门用于客运的电气化、标准轨距的双线铁路，代表了当时世界第一流的高速铁路技术水平。1975年至1985年间，又开通了山阳新干线、东北新干线、上越新干线等高铁线路，1997年北陆新干线通车营业，形成了日本完善的国内高铁网骨架，如图2.2。但日本国土面积小，没有形成高铁网络，主要以单线形式运营。

（2）法国TGV（train a grande vitesse），多线模式。多线模式是修建部分新线，对部分旧线进行改造，线路旅客列车专用，有一个核心点，成"十"字。1971年，法国政府批准修建TGV东南线（巴黎至里昂），1976年10月正式开工，1983年9月全线建成通车。1989年，法国又建成大西洋高铁线路。1993年，法国第三条高速铁路TGV北欧线开通运营，以巴黎为起点穿过英吉利海峡隧道通往伦敦，并与欧洲北部国家相连，是一条重要的国际通道。1999年，地中海线建成。法国TGV列车可以延伸到既有线上运行，通行范围覆盖大半个法国国土，如图2.3。但法国国土面积也小，也没有形成高铁网络，主要以"十"字式，形成多线形式运营。

·第 2 章　高铁的概念术语·

图 2.2　日本单线模式

高铁简史

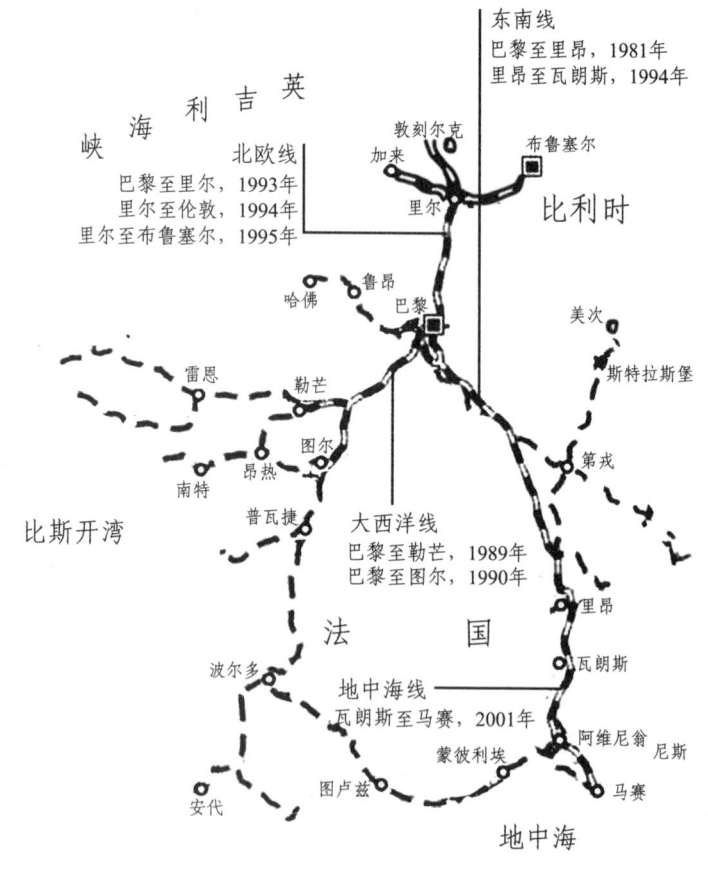

图 2.3 法国多线模式

（3）德国 ICE（Inter City Express），混线模式。混线模式是全部新修建线路，为旅客列车及货物列车混用线路。德国高速铁路 ICE 于 1985 年首次试车，1991 年曼海姆至斯图加特线建成通车，1992 年汉诺威至维尔茨堡线建成通车，1992 年德国购买了 60 列 ICE 列车，其中 41 列运行于第 6 号高速铁路，分别连接汉堡、法兰克福、斯图加特。目前，德国的泛欧高速铁路和第三期高速铁路陆续建成，实现了高速铁路国际直通运输，如图 2.4。

图 2.4 德国混线模式

高铁简史

（4）中国 CRH（China Railways High-speed），网络模式。网络模式是部分线路新建，部分改造旧线，旅客列车专用，形成换乘方便的高铁网络。从 2008 年 8 月 1 日，第一条北京到天津的城际高铁运营以来，中国高速铁路迅速发展。到 2015 年 12 月月底，中国高速铁路是全世界运营里程最长、在建规模最大、唯一形成"四纵四横"高铁网络的国家。到 2020 年 12 月，中国高铁铁路营业里程将超过 3 万千米，中国将形成"八纵八横"高铁网络。中国铁路坚持原始创新、集成创新和引进消化吸收再创新相结合，构建了具有自主知识产权和世界先进水平的高速铁路技术体系，如图 2.5。

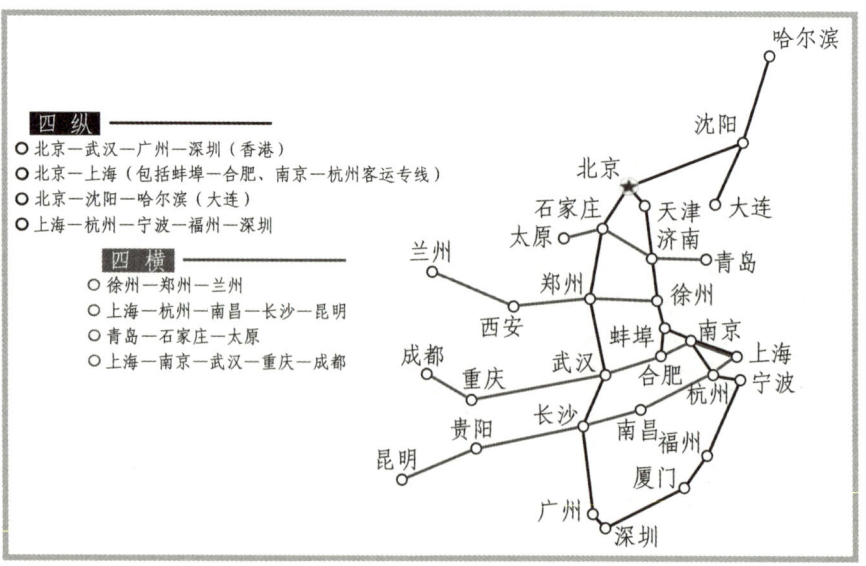

四纵
- 北京—武汉—广州—深圳（香港）
- 北京—上海（包括蚌埠—合肥、南京—杭州客运专线）
- 北京—沈阳—哈尔滨（大连）
- 上海—杭州—宁波—福州—深圳

四横
- 徐州—郑州—兰州
- 上海—杭州—南昌—长沙—昆明
- 青岛—石家庄—太原
- 上海—南京—武汉—重庆—成都

图 2.5　中国网络模式

2.2 高速铁路定义

高速铁路（High Speed Railways）由于具有高端性、快速性、便捷性、安全性、准点性等特点，广受各国民众和政府推崇，同时也是当前交通领域研究的重要内容。高速铁路从广域上定义为列车运行速度超过 200 km/h 的铁路线路，但由于高速铁路特征较多，所以全世界对高速铁路的定义目前尚未统一，根据世界上使用的高速铁路技术，高速铁路的定义主要可分为欧盟和联合国经济委员会以及国际铁路联盟等三种标准。同时，不同国家对高速铁路定义也不一样，中国基本采用了国际铁路联盟对高速铁路的定义。各种标准见表 2.3。

表 2.3 轮轨高铁的定义

机构			高速铁路	高速列车
第一种定义	国际铁路联盟标准	新建	设计速度 250 km/h 以上	商业运营 250 km/h 以上的动车组列车
		改造	设计速度 200 km/h 以上	商业运营 200 km/h 以上，但服务质量较高的列车
第二种定义	欧盟标准	新建	容许速度 250 km/h 以上	运行速度至少 250 km/h，可达到 300 km/h
		改造	容许速度 200 km/h 以上	运行速度至少 200 km/h 的列车
第三种定义	联合国经济委员会标准	新建	容许速度 250 km/h 以上	设计运营速度至少 250 km/h 的列车
		改造	容许速度 200 km/h 以上	设计运营速度至少 200 km/h 的列车
第四种定义	日本标准	新建	容许速度 250 km/h 以上	设计运营速度至少 250 km/h 的列车
		改造	容许速度 200 km/h 以上	设计运营速度至少 200 km/h 的列车
第五种定义	中国标准	新建	线路速度 200~250 km/h	运营速度不超过 250 km/h 为动车组列车，300 km/h 及以上为高速动车组列车
		改造	线路速度达到 200 km/h	

高铁简史

2.2.1 轮轨高铁的定义

国际铁路联盟是欧洲一些国家的铁路机构以及其他洲的铁路机构和有关组织参加的非政府性铁路联合组织，后来扩大了一些非欧洲国家的组织进来，简称铁盟。其宗旨是推动国际铁路运输的发展，促进国际合作，改进铁路技术装备和运营方法，开展有关问题的科学研究，实现铁路建筑物、设备的技术标准的统一。本书对轮轨高铁的定义，是采用中国标准来定义的。

1. 国际铁路联盟标准　根据国际铁路联盟的定义，轮轨高速铁路是指通过改造原有线路（直线化、轨距标准化），使营运速率达到每小时 200 km 以上，或者专门修建新的"高速新线"，使营运速率达到每小时 250 km 以上的铁路系统。高速铁路除了在列车营运达到一定速度标准外，车辆、路轨、操作都需要配合提升。

（1）高速铁路：新建高速铁路的设计速度达到 250 km/h 以上；经升级改造（直线化、轨距标准化）的高速铁路，其设计速度达到 200 km/h，甚至达到 220 km/h。

（2）高速铁道机车车辆：商业营运速度最少达到 250 km/h 的高速动车组列车；商业营运速度较低（200 km/h），但服务质量较高的列车，例如摆式列车；商业营运速度达到 200 km/h 的传统机辆模式（铁路机车牵引铁路车辆）铁路列车。

2. 欧盟标准　欧盟在组建泛欧高速铁路线网（Trans-European high-speed rail network，简称 TENR）体系的过程中提出"高速铁路"和"高速铁路机动车辆"的定义，并发布了"96/48/EC 号指令"（DIRECTIVE 96/48/EC），给出"高速铁路"和"高速铁道机车车辆"两方面的标准。此标准现在普遍适用于欧盟成员国。

（1）高速铁路：新建高速铁路的容许速度达到 250 km/h 或以上；经升级改造的高速铁路，其容许速度达到 200 km/h。

（2）高速铁道机车车辆：在新建高速铁路上，运行速度最少达到 250 km/h，并在可能的情况下达到 300 km/h；在既有铁路上，运行速度达到 200 km/h。

3. 联合国经济委员会标准　联合国欧洲经济委员会（United Nations Economic Commission for Europe，UNECE）运输统计工作组织，和欧盟一样分别为"高速铁路"和"高速铁道机车车辆"两方面设立了标准。1985 年联合国欧洲经济委员会在日内瓦签署的《国际铁路干线协议》规定：新建客货运列车混用（简称客货共线）型高速铁路时速为 250 km 以上，新建客运列车专用（简称客运专线）型高速铁路时速为 350 km 以上。

（1）高速铁路：高速铁路专线在主要路段的容许速度达到 250 km/h 以上，经升级改造的铁路在主要路段的容许速度达到 200 km/h。

（2）高速铁道机车车辆：在高速铁路专线上的设计运营速度最少达到 250 km/h；在经升级改造的高速铁路上，设计运营速度达到 200 km/h 的高速摆式列车；最高运营速度达到 200 km/h 的传统高速铁道机车车辆。

4. 日本标准　日本是世界上最早开始发展高速铁路的国家，日本政府在 1970 年发布第 71 号法令，对高速铁路的定义是：凡一条铁路的主要区段，列车的最高运行速度达到 200 km/h 或以上者，可以称为高速铁路。

（1）高速铁路：高速铁路专线在主要路段的容许速度达到 250 km/h 以上，经升级改造的铁路在主要路段的容许速度达到 200 km/h。

（2）高速铁路机车车辆：在高速铁路专线上的设计运营速度最少达到 250 km/h；在经升级改造的高速铁路上，设计运营速度达到 200 km/h 的高速摆式列车；最高运营速度达到 200 km/h 的传统高速铁道机车车辆。

5. 中国标准　中国已成为世界上高速铁路系统技术最全、集成能力最强、运营里程最长、运行速度最高、在建规模最大的国家。2009 年试行的《高速铁路设计规范（试用）》规定：高速铁路 high-speed railway（HSR）：新建铁路旅客列车设计最高行车速度达到 250 km/h 及以上的铁路。2014 年 1 月 1 日起实施的《铁路安全管理条例》（附则）规定：高速铁路是指设计开行时速 250 km 以上（含预留），并且初期运营时速 200 km 以上的客运列车专线铁路（简称客运专线或客专）。

（1）高速铁路：既有线改造达到 200 km/h 和新建时速达到 200～250 km/h 的线路，在这部分线路上运营的时速不超过 250 km 的列车称为"动车组"；以及新建的时速达到 300～350 km 的线路，这部分线路上运营的时速达到 300 km 及以上的列车称为"高速动车组"。

（2）高速铁道机车车辆：中国高速铁路使用的动车组列车类型 CRH1，CRH2，CRH3，CRH5，CRH6，CRH380A，CRH380B，CRH380C，CRH380D，CR200，CR300，CR400 等。

2.2.2 磁浮高铁的定义

磁悬浮列车是一种现代高科技轨道交通工具，它通过电磁力实现列车与轨道之间的无接触的悬浮和导向，再利用直线电机产生的电磁力牵引列车运行。因此，本书把磁悬浮高铁统称磁浮高铁。磁悬浮列车及轨道和电动机的工作原理完全相同。只是把电动机的"转子"布置在列车上，将电动机的"定子"铺设在轨道上。通过"转子"和"定子"间的相互作用，将电能转化为前进的动能。电动机的"定子"通电时，通过电流对磁场的作用就可以推动"转子"转动。当向轨道这个"定子"输电时，通过电流对磁场的作用，列车就像电动机的"转子"一样被推动着做直线运动。图 2.6 为日本超导高铁。

图 2.6　日本超导高铁

磁悬浮列车主要由悬浮系统、推进系统和导向系统等三大部分组成。尽管可以使用与磁力无关的推进系统，但在目前的绝大部分设计中，这三部分的功能均由磁力来完成。

1. 磁悬浮列车的悬浮方式　磁铁从一块金属的上方经过，金属上的电子因磁场改变而开始移动。电子形成回路，所以接着也产生了本身的磁场。因为磁铁的同极相斥，让磁铁在一块金属上方移动，结果会对移动中的磁铁产生一股往上推动的力量。如果磁铁移动得足够快，这个力量会大得足以克服向下的重力，举起移动中的磁铁。

2. 磁悬浮列车的导向方式　磁悬浮列车利用电磁力的作用进行导向。有常导磁吸式的导向系统和超导磁斥式的导向系统。

（1）常导磁吸式的导向系统与悬浮系统类似，是在车辆侧面安装一组专门用于导向的电磁铁。车体与导向轨侧面之间保持一定间隙。当车辆左右偏移时，车上的导向电磁铁与导向轨的侧面相互作用，使车辆恢复到正常位置。控制系统通过对导向磁铁中的电流进行控制来保持这一侧向间隙，从而达到控制列车运行方向的目的。

（2）超导磁斥式的导向系统可以采用3种方式构成：① 构成方式一，在车辆上安装机械导向装置实现列车导向。这种装置通常采用车辆上的侧向导向辅助轮，使之与导向轨侧面相互作用（滚动摩擦）以产生复原力，这个力与列车沿曲线运行时产生的侧向力相平衡，从而使列车沿着导向轨中心线运行。② 构成方式二，在车辆上安装专用的导向超导磁铁，使之与导向轨侧向的地面线圈和金属带产生磁斥力，该力与列车的侧向作用力相平衡，使列车保持正确的运行方向。这种导向方式避免了机械摩擦，只要控制侧向地面导向线圈中的电流，就可以使列车保持一定的侧向间隙。③ 构成方式三，利用磁力进行导引的，"零磁通量"导向系铺设"8"字形的封闭线圈。当列车上设置的超导磁体位于该线圈的对称中心线上时，线圈内的磁场为零；而当列车产生侧向位移时，"8"字形的线圈内磁场为零，并产生一个反作用力以平衡列车的侧向力，使列车回到线路中心线的位置。

3. 磁悬浮列车的推进方式　磁悬浮列车推进系统最关键的技术是把

旋转电机展开成直线电机。它的基本构成和作用原理与普通旋转电机类似，展开以后其传动方式也就由旋转运动变为直线运动。

2.2.3 超级高铁的定义

超级高铁（Pneumatic Tubes）是一种以"真空钢管运输"为理论核心设计的交通工具，具有超高速、高安全、低能耗、噪声小、污染小等特点。超级列车有可能是继汽车、轮船、火车和飞机之后的新一代交通运输工具。2013年，美国马斯克（Elon Musk）提出超级高铁计划，他认为超级高铁可以1 200 km的超高时速远距离运送乘客。因此，超级高铁是未来交通的发展方向，很多国家正在研发。

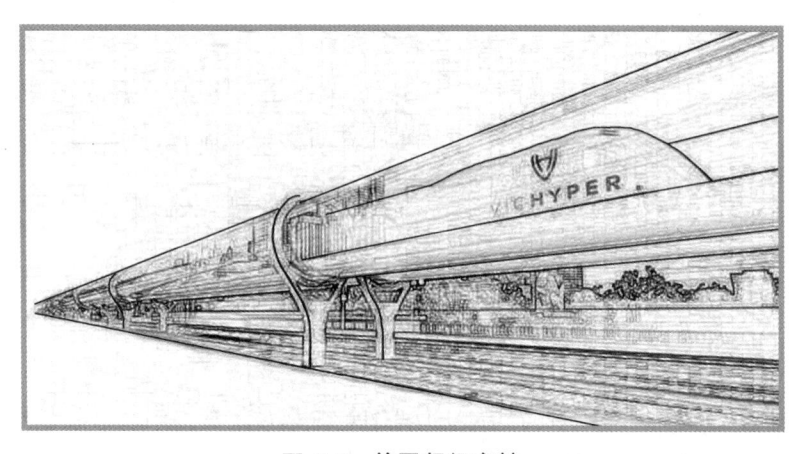

图2.7 美国超级高铁

超级高铁系统是建造一条与外部空气隔绝的管道，将管内抽为真空后，在其中运行磁悬浮列车等交通工具（基于美国马斯克的设想，超级高铁示意图见图2.7），运载工具（即超级列车）处于一个几乎没有摩擦力的环境中，利用低压管内的浮舱以1 200 km/h的速度运送旅客。从现有五种交通运输方式（轨道、航空、水运、道路、管道等）特征来看，超级高铁分别具有五种交通工具的部分特征，即：

（1）第一种交通方式，管道交通特征：超级高铁在管道中运输，具有管道交通的特征。

（2）第二种交通方式，轨道交通特征：超级高铁使用的是磁悬浮技术，具有轨道交通的特征。

（3）第三种交通方式，道路交通特征：超级高铁的运输能力相当于公共汽车的运输能力（乘坐的公共大巴20~50人），具有道路交通的特征。

（4）第四种交通方式，航空交通特征：超级高铁的运行速度和飞机的飞行速度差不多，具有航空交通的特征。

（5）第五种交通方式，水运交通特征：超级列车在空气中漂浮，具有水运交通的特征。

因此，超级高铁是集现有五种交通工具特征于一体的新型交通工具，也可能是第六种交通运输工具。如图2.8所示。

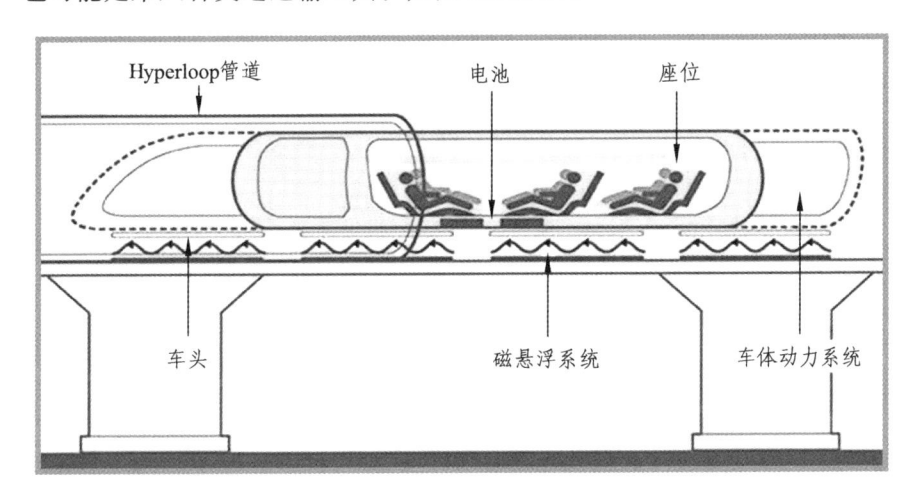

图2.8 Hyperloop 结构图

（1）超级列车。超级高铁是利用"真空管道运输"的概念，建造的一种全新交通工具。该交通工具是继汽车、轮船、火车和飞机等之后的新一代交通运输工具，具有超高速、高安全、低能耗、无噪声、零污染等特性。由于在管道中真空运行，且采用磁悬浮技术，所以本书建议该交通工具叫真空飞车或超级列车，如图2.9。

高铁简史

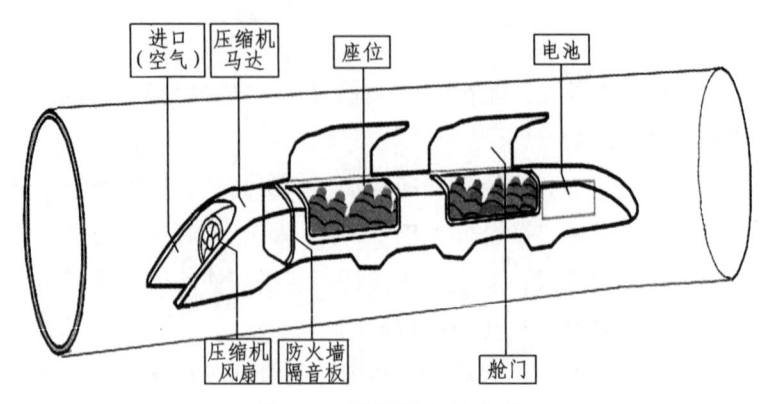

图 2.9 超级列车简化图

超级高铁也叫真空管道磁悬浮列车（简称真空磁悬浮列车），是一种还未建设出来的火车，可能成为世界上最快的交通工具。此种列车在密闭的真空管道内行驶，不受空气阻力、摩擦及天气影响，且客运专线铁路造价比普通铁路还要低，其速度可达到 4 000~20 000 km/h，超过了飞机的数倍，耗能也比飞机低很多倍。这种交通工具可能成为 21 世纪人类最快的交通工具。图 2.10 所示为超级列车仿真图。

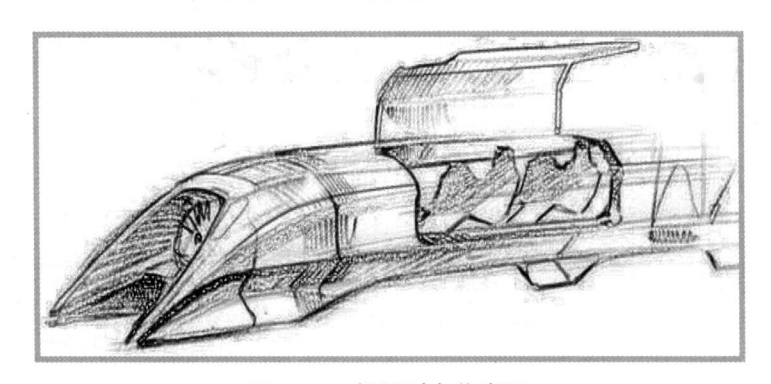

图 2.10 超级列车仿真图

（2）真空管道。超级高铁有别于传统铁路，是真空悬浮无摩擦力飞行系统，该系统是一套全新的高速运输体系。超级高铁系统由运输管道、载人舱体、真空设备、悬浮部件、弹射和刹车系统等组成，如图 2.11。

① 超级高铁的运行特征：在管道内部无阻力运行，超级列车悬浮于空

中，速度可达 1 000 km/h 以上。

② 超级高铁的发送方式：通过磁浮技术，超级列车漂浮于真空处理的管道中，再利用弹射装置，发射超级列车沿着管道无间断地驶向目的地。

图 2.11　超级管道

2.3　高铁的速度界定

高铁运营速度对旅客有实际意义。高速铁路运营速度包括最高运营速度、平均旅行速度、隧道内会车速度等多个概念，而每个概念都有实际意义。最高运营实验速度比最高运营速度至少要高出 10%，以保证安全。根据高速铁路的不同运行方式，高速铁路的实验速度也不同。

（1）最高试验速度。对于任何运输系统来说，该速度就是在特殊的计划和外界条件下，如线路、功率提升、特殊的信号和车辆装备下所得到的速度，它通常在特殊的运作方式和安全防范等措施下达到。

（2）最高运营速度。最高运营速度就是系统在常规设计，并在日常条件下运营的最高速度。高铁整个系统——其结构、车辆、控制、保障等，必须设计成能够在日常条件下以该速度运作，并且要经受乘客的乘坐和天气变化，并由专门人员操纵的运行速度。

（3）最高设计速度。设计速度又称计算行车速度，是指当气候条件良好、高速列车运行只受轨道本身条件（几何要素、轨道、附属设施等）影响时，中等驾驶技术的驾驶员能保持安全顺适行驶的最大行驶速度。

高铁简史

最高试验速度在系统特性和发展潜力的评估中很重要。不过，最高运营速度定义了系统实际的，能够获得的表现。二者的区别非常大：最高试验速度可能比最高运营速度高 50%~80%。部分国家高速铁路试验速度、运营最高速度见表 2.4、表 2.5。

表 2.4　部分国家高铁的试验速度

序号	国家	时间	车辆	实验速度/（km/h）	备注
1	法国	2007-04-03	TGV-V150	574.8	轮轨高铁
2	中国	2011-01-09	CRH380BL	487.3	
2	中国	2010-12-03	CRH380AL	486.1	
2	中国	2010-09-28	CRH380A	416.6	
3	日本	1996-07-26	955 型电车	443	
3	日本	1993-12-04	952 型电车、953 型电车	425	
4	德国	1988-05-01	ICE	406	
5	日本	2015-04-21	JR 磁浮 L0 系	603	磁浮高铁
5	日本	2003-12-02	JR 磁浮 MLX01	581	
6	德国	2003-11-12	TransrapidTR-08	501	

表 2.5　部分国家高铁的运营最高速度

序号	国家	时间	车辆	运营最高速度/（km/h）	备注
1	法国	2007-04-03	TGV	320	轮轨高铁
2	中国	2008-08-01	CRH	350	
3	日本	1967-07-05	955 型电车	320	
4	德国	1999-10-03	ICE	300	

（4）最高运营速度是高速铁路最重要的衡量指标。从 20 世纪 60 年代

到70年代,最高试验速度从250 km/h提高到350 km/h。德国于1988年取得了重大突破,其ICE列车的试验速度达到了406 km/h!紧接着,法国于1991年实现了飞跃,其TGV列车在试验中创造了515 km/h的铁路最高速度纪录!目前在多个国家每天运营的成百上千列列车中,它们的最高运营速度为250~350 km/h,法国TGV最近创造了以平均速度317 km/h运行1 000 km的纪录。

高铁系统最综合、最关键的考核指标就是速度。速度是衡量一个国家高速铁路技术水平的主要指标,因为速度是指在安全性、可靠性、经济性,包括节能环保等一系列指标下的运营速度。从这些方面讲,运营速度标志着高速铁路技术是否已经处于世界领先水平。高速铁路的速度类型见表2.6。

表2.6 高速铁路的速度类型

序号	类型	名称	速度/(km/h)
1	第一种速度	实验速度	轮轨高铁 200~600
			磁浮高铁 400~100
			超级高铁 1 000~10 000
2	第二种速度	设计速度	轮轨高铁 200~500
			磁浮高铁 500~800
			超级高铁 800~1 200
3	第三种速度	运营速度	轮轨高铁 200~400
			磁浮高铁 400~800
			超级高铁 大于1 000

2.4 小　结

1964年,世界第一条高速铁路在日本通行,世界范围内掀起第一轮"高铁热",但由于技术层面的问题,高速铁路没有得到大力发展,而且运营速度低于300 km/h。1995年,法国高速铁路技术成为全欧高速火车的技术标准后,世界范围内掀起第二轮"高铁热",但由于那时经济不景气,特别是

高铁简史

发展中国家经济能力有限,高铁只在经济发达的大国之间进行了建设和运营。2008年,中国高速铁路发展,世界范围内掀起第三轮"高铁热"。从2015年后,由于高铁技术的先进、成熟、经济、适用、可靠,高铁在发展中国家也得到了建设和运营,世界范围内掀起第四轮"高铁热"。因此,随着高铁的"遍地开花",2024年世界将进入"高铁时代",世界也将成为高铁下的"地球村"。

第 3 章　高铁的属性特征

目前，高铁是路面运行速度最快、运营里程最长、承载能力最强的交通运输方式。高铁与其他运输方式（汽车、飞机、普通火车等）相比，具有明显优势。高铁与传统的铁路（本书称为普速铁路，简称普铁）运输方式相比，最大的优点是占有土地省、运行速度高、能源消耗少、运输能力大、产业结构优、社会效益好。

3.1　输送能力

输送能力大是高速铁路主要技术优势之一。统计表明：一条高速公路一年最大客运量不会超过 1 000 万人次。而一条高铁一年客运量达到 1.5 亿人次。如日本东海道新干线高峰期平均每小时发车达 11 列，每天通过的列车达 283 列，每列车可载客 1 200～1 300 人，年均输送旅客达 1.2 亿人次。

1. 高铁与高速公路、航空的输送能力对比　统计表明：高铁运载量是航空运载量的 10 倍、高速公路运载量的 5 倍，但高铁运输成本只是航空运输成本的 1/5、高速公路运输成本的 2/5，见表 3.1。例如，从小时客运量来说：高速铁路每小时双向最大的运送能力可达 64 000～72 000 人，4 车道的高速公路约为 9 800 人，两条跑道的机场约为 12 000 人，如图 3.1。

高铁简史

表 3.1 主要交通方式的运输能力对比

运输方式	高速铁路	高速公路	航空运输
运载量（以高铁为基准）	1	1/5	1/10
运输成本（以高铁为基准）	1	2.5	5

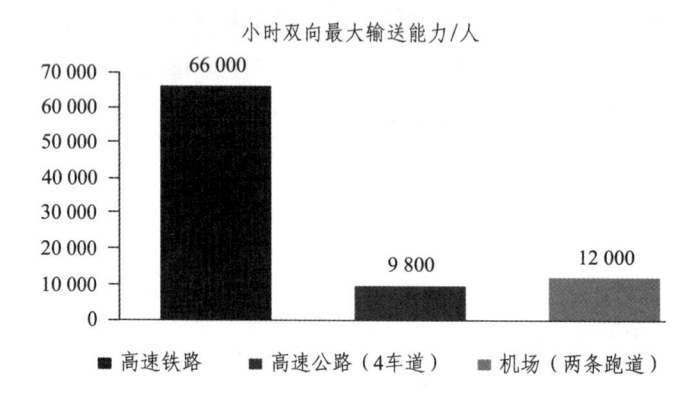

图 3.1 高铁、高速公路及航空的小时双向最大输送能力

（1）高铁输送能力。目前各国高铁几乎都能满足最小行车间隔时间 4 min 及其以下（日本可达 3 min）的要求，扣除维修时间 4 h，则每天可开行的旅客列车约为 280 对；如每列车平均乘坐 800 人，平均单向输送能力将达到 8 200 万人。

（2）道路输送能力。统计表明：4 车道高速公路客运专线，单向每小时可通过小轿车 1 250 辆，全天工作 20 h，可通过 25 000 辆。如：大轿车占 20%，每车平均乘坐 40 人；小轿车占 80%，每车乘坐 2 人，年均单向输送能力为 8 760 万人。

（3）航空输送能力。统计表明：航空运输主要受机场容量限制，如一条专用跑道的年起降能力为 12 万架次，采用大型客机的单向输送能力只能达到 1 500 万～1 800 万人。

日单向运行输送能力/万人

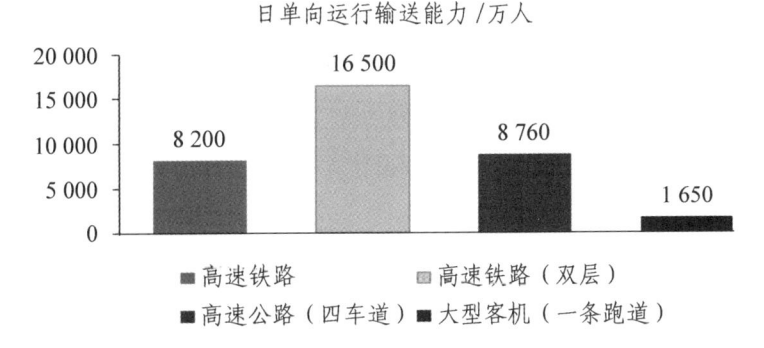

高速铁路	高速铁路（双层）	高速公路（四车道）	大型客机（一条跑道）
8 200	16 500	8 760	1 650

图 3.2 高铁、高速公路及航空的日单向运行输送能力

从图 3.1 及图 3.2 可以看出，高铁与公路、民航的输送能力完全不是同一个等级，高速铁路的输送能力要高于高速公路及航空的输送能力。

2. 高铁与普通铁路的输送能力对比　中国高铁设计最小追踪间隔是 3 min，年单向客流输送能力 8 000 万人次，即年客运量可达 16 000 万人次。高铁线路的日维修用时是 4 h，但实际包括机动、开道试车在内每天需 6 h 以上。而普通铁路一般每列 18 节车，每车的座位一般为 108 人，减去一节餐车后，每列车定员是 1 786 人，普通铁路可超员，可加挂节厢，加上停站多座位利用率高，因而每列客车的运能一般比高速列车大 2.5 倍！而高铁中世界客运量最大的日本东海道新干线年客运量为 14 000 万人次；我国京广、京沪高铁年客运量分别为 9 500 万人次、8 500 万人次。

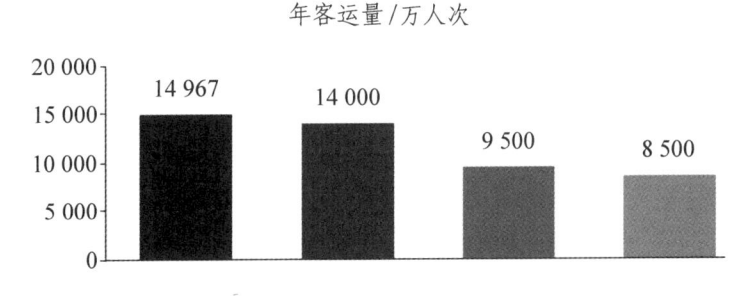

年客运量/万人次

京广普铁2010年	日本东海道新干线	京广高铁	京沪高铁
14 967	14 000	9 500	8 500

图 3.3 高铁和普铁的年客运量

从图 3.3 可以看出，实际运营中高铁的输送能力不比普通铁路的输送能力差，甚至犹有过之。随着经济的发展及人民物质文化生活水平的提高，高铁潜在的客流量是很大的。而高铁想要进一步提高输送能力，务必缩短发车间隔、减少维修时间以及提高座位利用率等。

3.2 速　度

速度是高铁技术水平的最主要标志。各国都在不断提高列车的运行速度，法国、日本、德国、西班牙、意大利和中国高速列车的最高运行速度分别达到了 300 km/h、330 km/h、280 km/h、270 km/h、250 km/h、350 km/h 等。如果作进一步改善，运行速度可以达到 350~400 km/h，见表 3.2。

表 3.2　世界各国高速铁路最高运行速度

国　家	法国	日本	德国	西班牙	意大利	中国
最高运行速度 /（km/h）	300	330	280	270	250	350

高铁在速度上领先大部分的交通工具（汽车、轮船、普铁等），只慢于磁悬浮列车及飞机，但磁悬浮在造价、运营等方面优势不足，飞机易受天气情况影响。高铁与其他交通工具速度做对比，如图 3.4。

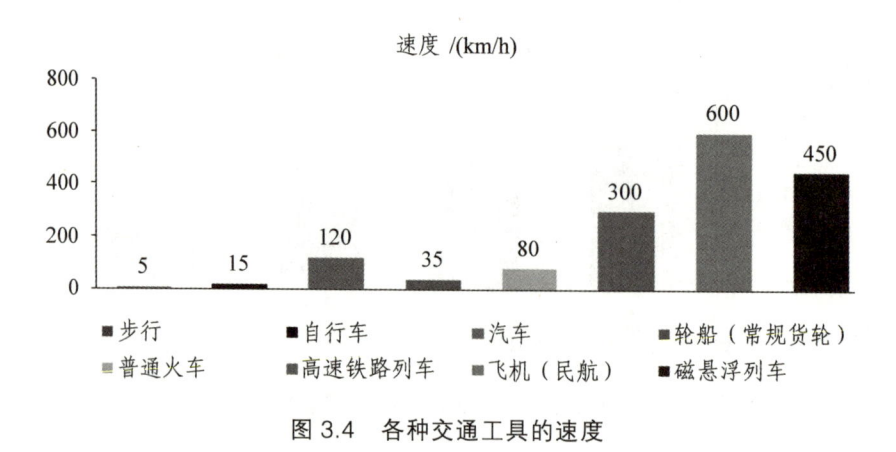

图 3.4　各种交通工具的速度

目前中国高速铁路 350 km/h 的运营技术已经成熟，全世界所有的高铁线路修建都是按照 350 km/h 的提速功能设计，而我国按照 380 km/h 的功能设计。轮轨高铁的试验速度已经达到 575 km/h，磁浮高铁的试验速度已经达到 603 km/h。世界各国高速铁路的最快试验速度见表 3.3。

表 3.3 世界各国高速铁路最快试验速度

名称	国家或地区		最快试验速度/（km/h）	采用技术
欧洲	德国		406.9	德国 ICE
	法国		574.8	法国 TGV
	意大利		319	意大利 ETR
	西班牙		300	法国 TGV、西班牙 TALGO、德国 ICE
	英国		300	法国 TGV
美洲	美国		300	法国 TGV
亚洲	日本		581	日本新干线
	韩国		352.4	法国 TGV-A
	中国	大陆	575	TGV、ICE、CRH
		台湾	315	日本新干线
	土耳其		250	法国 TGV

除最高运行速度及最快试验速度外，旅客更关心的是旅行时间，而旅行时间是由旅行速度决定的。以北京至上海为例，在正常天气情况下，乘坐不同交通工具的旅行时间如图 3.5 所示。

由图 3.5 可以看出，乘坐高铁的旅行时间跟飞机不相上下，远远少于普通铁路及高速公路，再考虑到飞机易受天气情况影响出现晚点等情况，可以说高铁已经是旅客中短旅行优先考虑的第一选择。

高铁简史

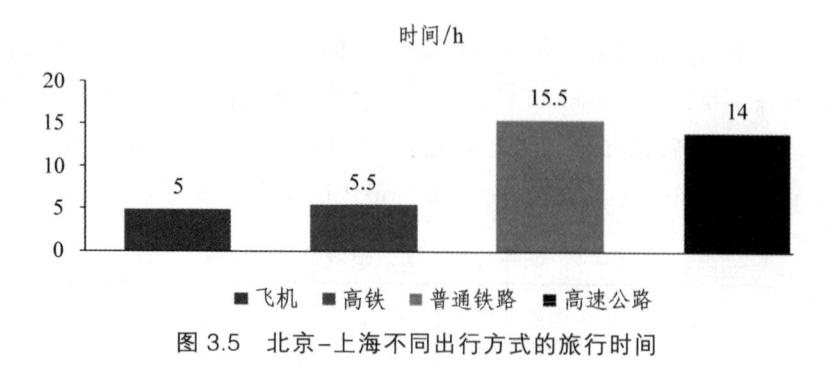

图 3.5 北京–上海不同出行方式的旅行时间

3.3 安全性

高速铁路问世以来，日本、德国、法国、中国等国共运送了100亿人次旅客。除如表1.4所示几起事故外，各国高速铁路都未发生过重大行车事故，也没有因事故而引起人员伤亡。这是各种现代交通运输方式所罕见的。特别是日本、德国、法国、中国等高铁国家，一天要发出上千对的高速列车，即使计入发生的5起事故，其事故率及人员伤亡率也远远低于其他现代交通运输方式。因此，高铁被认为是最安全的交通运输工具。

统计表明：全世界由于公路交通伤亡事故每年一般死亡30万~50万人，每10亿人公里的平均死亡数高达140人；每年全球民用航空交通中有50架左右飞机坠毁，2 000多人丧生。每10亿人公里死亡人数，铁路为1.971人，汽车为18.929人，飞机为16.006人。如图3.6所示为日本1985年每10亿人公里死亡人数。

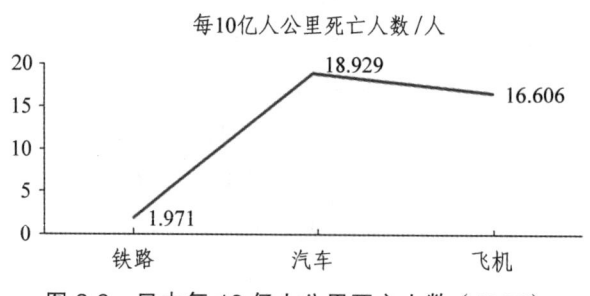

图 3.6 日本每10亿人公里死亡人数（1985）

42

第 3 章 高铁的属性特征

根据中国铁道科学研究院在"我国高速铁路的社会成本及其对社会的贡献"课题的研究中公布的数据，我国交通运输每亿人公里交通事故死伤人数中，公路为死亡 10.5 人（重伤 24.88 人），铁路为死亡 0.29 人（重伤 0.72 人）。如图 3.7 所示。

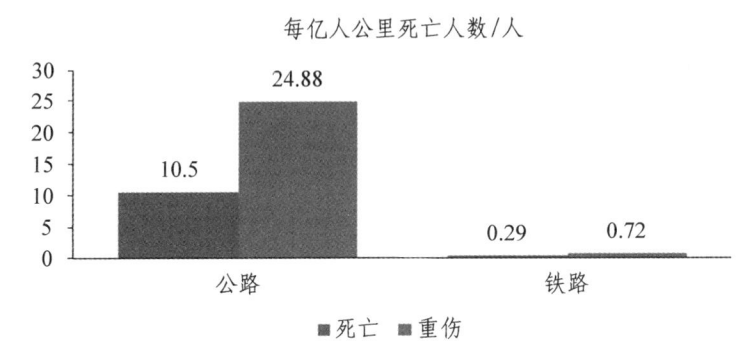

图 3.7 我国公路和铁路每亿人公里交通事故死伤人数

由于轮轨高铁最大的危险来自车体脱轨，而评定防止车轮脱轨稳定性的指标用"脱轨系数"Q/P，脱轨系数越大越容易脱轨。国际铁路联盟规定：$Q/P \leqslant 1.2$。中国的轮轨高铁脱轨系数安全标准：$Q/P \leqslant 0.8$。

表 3.4 所示为中国不同速度下的脱轨系数。

表 3.4 中国不同速度下的脱轨系数

序号	型号	速度/（km/h）	最大脱轨系数	备注
1	CRH2A	250	0.72	
2	CRH2C（CRH2-300）	300	0.30	
3	CRH380A	386	0.34	$Q/P \leqslant 0.8$
4	CRH380A	300	0.13	
5	CRH380A	350	0.34	

由表 3.4 可以知道，目前国内运营的轮轨高铁因高速行驶本身而导致脱轨的可能性极小。因此，轮轨高铁的安全优势明显。

3.4 正点率

高铁由计算机控制运行，风雨雪雾等恶劣天气对高铁没有影响，见表 3.5。高速列车按规定时刻到发与运行，规律性很强。这是飞机、汽车及其他交通工具所不及的。特别是高速铁路全部采用自动化控制，可以全天候运营，除非发生地震。据日本新干线风速限制的规范，若装设挡风墙，即使在大风情况下，高速列车也只要减速行驶。比如：风速达到每秒 25～30 m，列车限速在 160 km/h；风速达到每秒 30～35 m（类似 11、12 级大风），列车限速在 70 km/h，而无须停运。高速列车在大风情况下的应急措施见表 3.6。而飞机机场和高速公路等，在浓雾、暴雨和冰雪等恶劣天气情况下，则必须关闭停运。

表 3.5　天气对各种交通方式运行的影响

天　气	高速铁路	飞机	高速公路
风速	一般	大	较大
浓雾	一般	很大	很大
暴雨	大	很大	很大
冰雪	大	很大	很大

表 3.6　高速列车在大风情况下的应急措施

序号	风速（m/s）	风速等级	应急措施
1	0～25	1～9	正常运行
2	25～30	9～10	列车限速 160 km/h
3	30～35	11～12	列车限速 70 km/h
4	>35	>12	列车停运

正点率高也是高速铁路深受旅客欢迎的原因之一。由于高铁系统设备的可靠性和较高的运输组织水平，可以做到旅客列车极高的正点率。高铁

一般每 4 min 发出一列车，日本在旅客高峰时每 3 分半钟发出一列客车，旅客基本上可以做到随到随走，不需要候车。为方便旅客乘车，高速铁路实现了高速列车运行规律化，站台按车次固定化等。这是其他任何一种交通工具都无法比拟的。西班牙规定高速列车晚点超过 5 min 就要退还旅客的全额车票费；日本规定到发超过 1 min 就算晚点，晚点超过 2 h 就要退还旅客的加快费。因此，高速列车极高的准时性深得旅客信赖。

3.5 能源消耗

交通运输是能源消耗大户，能耗标准也是评价交通运输方式优劣的重要技术指标。高速列车利用电力牵引，不消耗宝贵的石油等液体燃料，可利用多种形式的能源。以平均每人公里的能耗来计算，各种交通运输工具平均每人公里的能耗不同，见表 3.7 和图 3.8。

表 3.7 不同交通方式平均每人公里的能耗

交通方式	普通列车	高速铁路	公共列车	小汽车	飞机
能耗 /[g/(人·km)]	403.2	571.2	583.8	3 309.6	2 998.8
能源	电力	电力	汽油或煤油	汽油或煤油	汽油或煤油

图 3.8 不同交通方式平均每人公里的能耗

若以"人/km"单位能耗来进行比较，并以普通铁路每人公里消耗能源为1，则不同交通方式的换算能耗指标如图3.9所示。

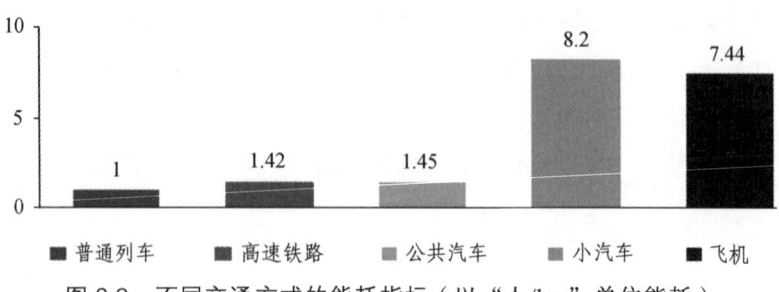

图3.9 不同交通方式的能耗指标（以"人/km"单位能耗）

表3.8 不同交通方式的能耗指标　　　　　　　　　　人/km

交通方式	普通列车	高速铁路	公共汽车	小汽车	飞机
能耗/[g/(人·km)]	1	1.3	1.5	8.8	9.8
能源	电力	电力	汽油或煤油	汽油或煤油	汽油或煤油

3.6 环境影响

世界各国对新一代交通工具选择的着眼点是对环境影响小。高铁使用的能源是二次能源——电力，以电为牵引力的高铁排放量为零，基本上没有污染，对环境没有污染。而汽车和飞机使用的是不可再生能源——汽油和煤油，不但污染环境，还会产生温室气体。因此，高铁对环境影响小且优于汽车和飞机。

（1）一氧化碳（CO）排放量。统计表明：一氧化碳（CO）的换算排放量：公路为0.902 kg/人，火车为0.109 kg/人，飞机为635 kg/人，电为牵引力的高速铁路排放量为零。各种交通方式的CO排放量如图3.10所示。

高速列车与小汽车不同污染物的排放污染量[g/(人·km)]见表3.9。

第3章 高铁的属性特征

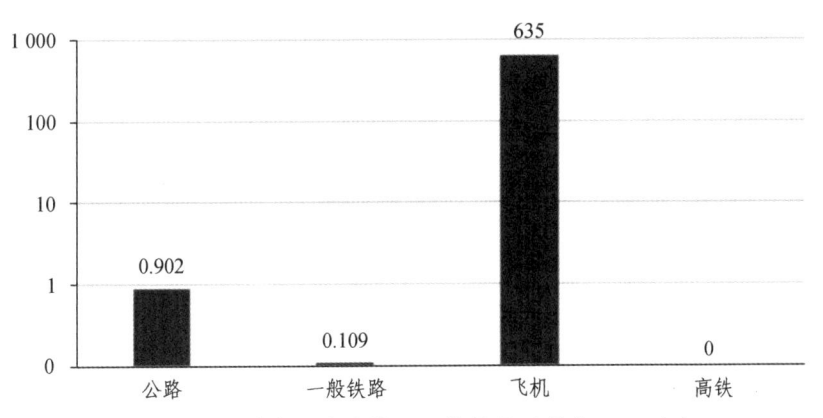

图 3.10 各种交通方式的 CO 排放量（单位：kg/人）

表 3.9 小汽车和高速列车不同污染物的每人公里排放污染量

g/（人·km）

污染物	小汽车	高速列车
CO	9.30	0.06
NO_x	1.70	0.43
CH	1.10	0.03

（2）噪声。由于高速铁路采用电力牵引，因此没有粉尘、煤烟和其他废气污染，噪声比普通铁路低（以航空运输每人每千米产生的噪声为 1，则小汽车为 0.2，高铁为 0.1），如图 3.11 所示。

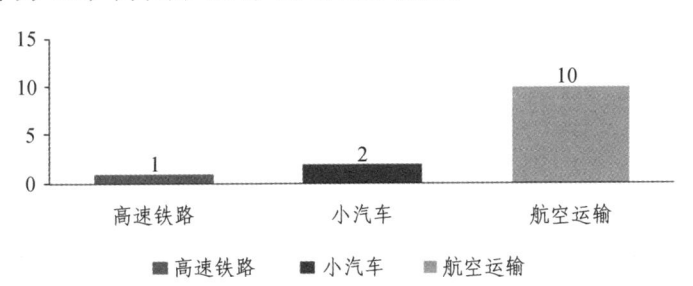

图 3.11 不同交通方式每人每千米产生的噪声（以航空为 1）

（3）每人公里污染治理费。统计表明：每人公里污染治理费用，以高铁每人公里污染治理费用为 1，则高速公路每人公里污染治理费用为 3.76，飞机每人公里污染治理费用为 5.21，如图 3.12 所示。

47

高铁简史

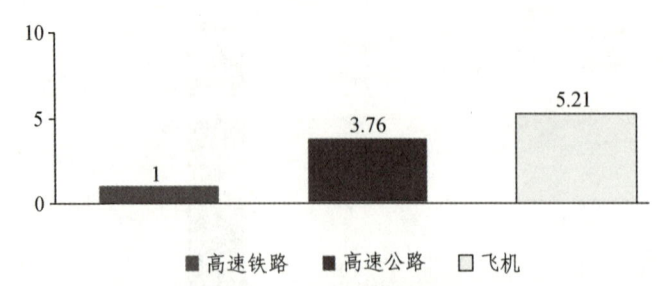

```
10
              3.76       5.21
 5     1
 0
    ■高速铁路  ■高速公路  □飞机
```

图 3.12　不同交通方式每人公里污染治理费用（以高速铁路为 1）

（4）人均碳排放量。统计表明：高速铁路人均碳排放量是私人小汽车的 1/10、公共汽车的 1/3、飞机的 1/6，如图 3.13 所示。

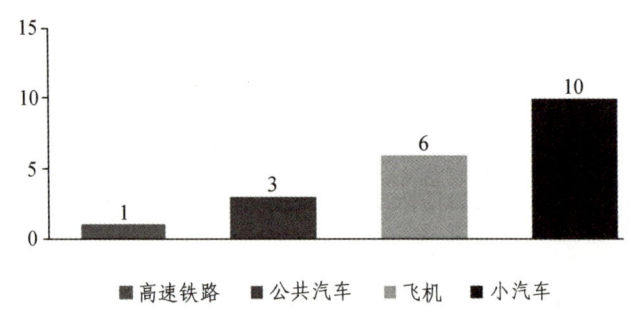

```
15
                              10
10
              3      6
 5    1
 0
   ■高速铁路 ■公共汽车 ■飞机 ■小汽车
```

图 3.13　不同交通方式人均碳排放量（以高速铁路为 1）

3.7　占用土地面积

路面的交通运输，除了需要修建道路外，还需要配备大量的停车场设施，占用了大量的土地，目前大多数城市的交通拥堵和停车难问题就是路面交通的弊端，而高铁不存在此问题。一般双线高速铁路 350 km/h 路面路基宽 9.6～11 m，四车道高速公路路面路基宽 26 m，而双线铁路用地 46 666.7 m^2/km，四车道高速公路占地 70 000 m^2/km。如图 3.14。

通过图 3.14 对比分析，高铁占地只有高速公路的 2/3，但是每小时的客运量却是四车道高速公路的 4 倍。与普通铁路相比较，高铁基本上都是高架运营，所以节约许多宝贵土地。与飞机相比，一个大型飞机场占地面积相当于 1 000 km 双线高速铁路。高铁占用土地面积少，相比其他交通工具优势明显。

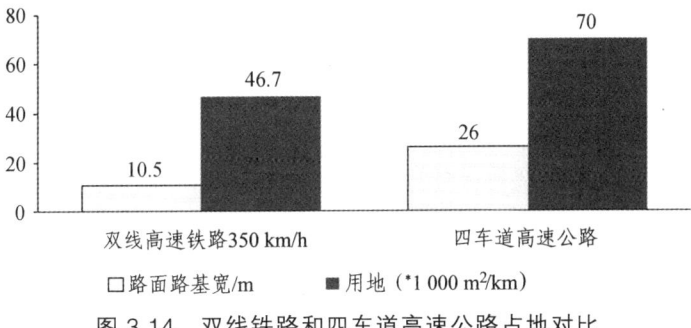

图 3.14 双线铁路和四车道高速公路占地对比

3.8 舒适性

虽然轮轨高铁的速度比不上飞机，但在距离稍短的旅程（600 km 以下），高速铁路因为无需到通常较远的机场登机，也不需要值机、行李托运和安检，故仍较省时。且高速铁路运行车辆空间大，旅客卧、坐、行都比其他交通方式更加舒适。如图 3.15 所示。

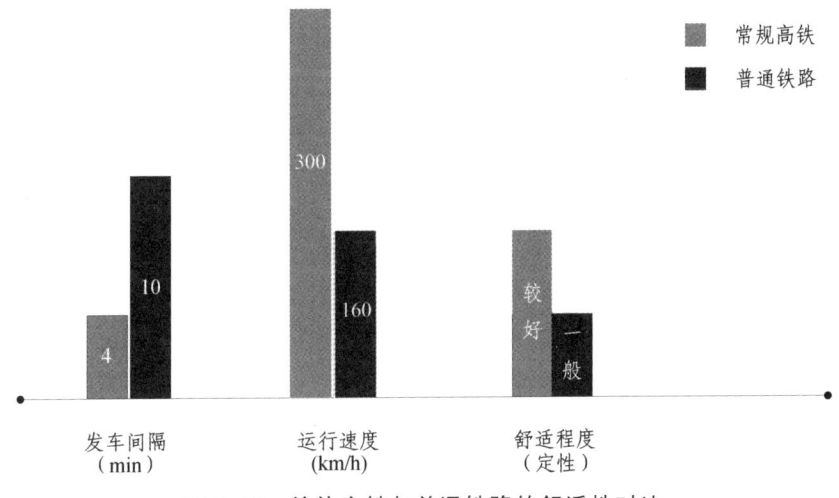

图 3.15 轮轨高铁与普通铁路的舒适性对比

高速列车车内布置非常豪华，工作、生活设施齐全，座席宽敞舒适，走行性能好，运行非常平稳。减震、隔音，车内很安静。乘坐高速列车旅行几乎无不便之感，无异于愉快的享受。统计表明：一只蚊子的声音是40 dB，飞机飞行时客舱内的噪声约为81 dB，速度120 km/h的小汽车噪声约为76 dB，速度380 km/h的中国高速铁路动车组列车车厢内噪声约为68 dB。如图3.16所示。

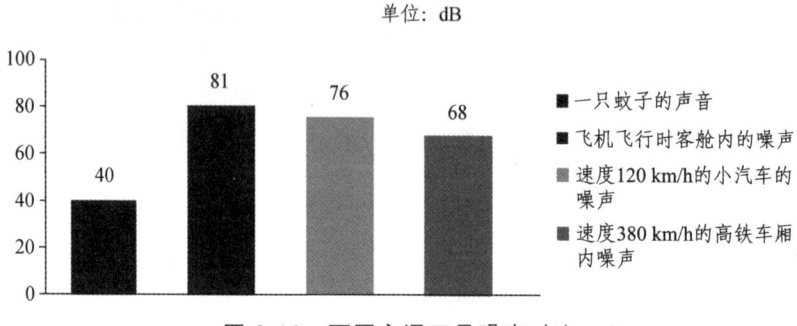

图3.16　不同交通工具噪声对比

3.9　经济性

高铁不但促进铁路沿线农村的城市化进程、创造新的就业机会，而且投资回收快，不会造成财政和金融负担。高铁建设成本是每千米0.3亿~0.6亿美元（中国高铁建设成本：250 km/h高铁建设成本0.8亿元/km，350 km/h高铁建设成本1.3亿元/km），但高铁辐射带动的其他产业，创造的价值是这个数字的2.4倍。

1. 直接经济效益　研究成果表明当高铁在向前延伸时，线路建设、车辆制造、供电系统、控制系统、车站建设等每投入1元，因为辐射原因，会拉动相关行业总计得到2.4元的实际价值。例如，日本东海道新干线总投资为3 800亿日元，由于投入运营后客流量迅速增长，而运输成本只有飞机的1/5，因此正式投入运营的第七年便全部收回了投资，自1985年以后，每年纯利润达2 000亿日元。德国ICE城市间高速列车每年纯利润达10.7亿马克。法国TGV年纯利润达19.44亿法郎。中国京沪高铁耗资2 088.4亿元，十年期总投资约 2 500 亿元,按 10 年收回投资计算,每年需要摊薄成本 250 亿元,加上利息支出约 290 亿元,虽然成本高昂,但 2015 年 7 月就收回成本且获利。而且高铁沿线已经成为世界经济发展最活跃和最具潜力的地区。高速铁路在支撑区域协调发展、优化资源配置和产业布局、构建高效综合运输体系、降低社会物流成本、促进城镇一体化进程等方面,都将发挥巨大的作用。图 3.17 为高速铁路的投入与产出示意图。

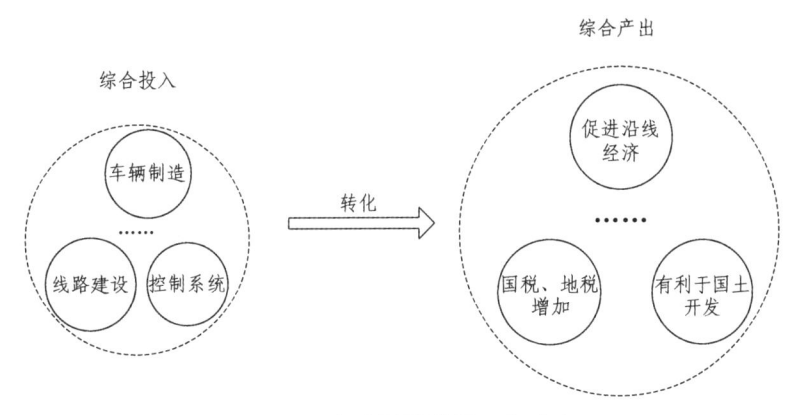

图 3.17 高速铁路的投入与产出

2. 间接经济效益　高速铁路除有很好的经济效益外,还有显著的社会效益。统计表明:京沪高速铁路的社会成本为 0.323 9 元/(人·km),高速公路的社会成本为 0.659 4 元/(人·km),民航的社会成本为 0.747 6 元/(人·km),其比例为 1∶2.036∶2.308,在完成同等运量的情况下,修建京沪高铁每年节省的社会成本就达 223 亿元,6～7 年的总额就相当于全部建设投资。此外,高铁还可拉动沿线的经济增长,提供众多的就业机会。

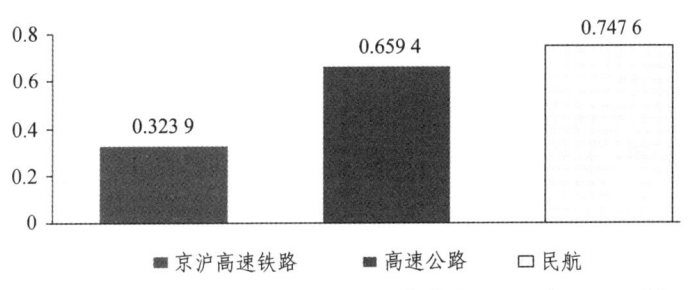

图 3.18 不同交通工具的社会成本 [单位:元/(人·km)]

3.10 社会性

高铁不但拉近距离,而且促进了社会发展。一方面,高铁的发展可以促进城市间的交流合作,带动高速铁路沿线城市的经济发展建设;另一方面,城市因高速铁路而成片成带,产生经济圈,对社会起很大推动作用。特别高速铁路缩短了旅行时间,等于缩小了地区间的距离,改变了时间观念和地域观念,不但可以消除区域性差异,而且促进社会平等、和谐和发展。特别是中国高速铁路"四横四纵"的空间结构,见图3.19。高铁版图的扩大和高铁线路的增加,让"高速""高效""高质"的高铁生活成为新常态。

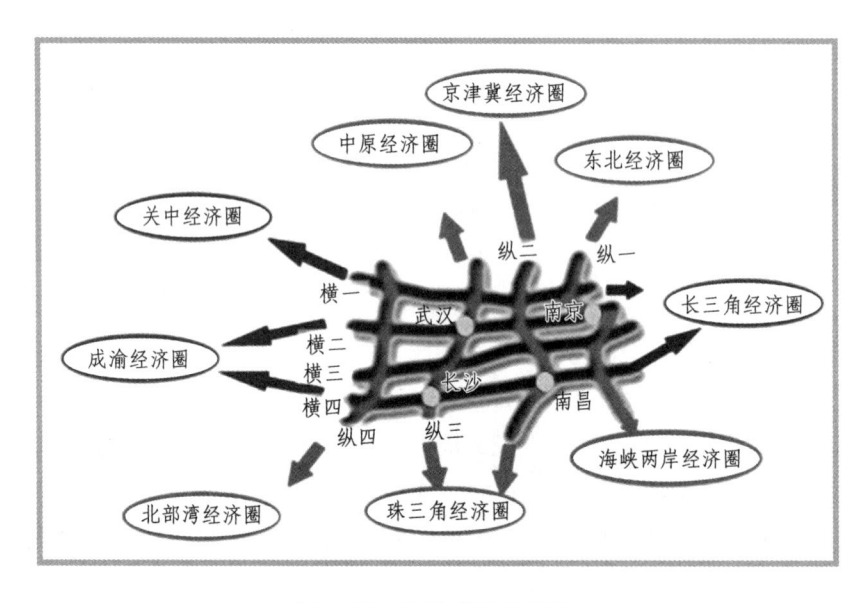

图 3.19 高铁带动经济圈

高铁发展对国家及地区发展战略影响重大。当前世界各国都开始修建跨国高速铁路,尽快实现国家及地区间的路面快速通道,消除国家间由于地理位置限制的影响,加快地区间经济和资源的交流合作。从国家发展大局上考虑,高速铁路具有深远的战略影响,这是因为从战略方面来说,高铁发展可以保障国家安全。从全球发展大局上考虑,高铁的发展对于世界政治经济有十分深远的影响，高铁可以促进世界一体化，实现"地球村"。

高铁发展也促进区域一体化。这是因为：高铁地面交通线良好的兼容性，是其能够进行国际互联互通的基础。不同高铁类型，促进不同区域一体化。轮轨高铁促进了区域一体化，磁浮高铁促进了各洲村，超级高铁促进了全球一体化，即地球村。所以，必须重视高铁发展，哪个国家拥有高铁（轮轨高铁、磁浮高铁、超级高铁）核心技术，该国家就拥有世界。

3.11 小　结

高铁相对于其他交通运输方式，输送能力强、速度较快、安全性好、正点率高、能源消耗较低、对环境影响较小、占地较少、舒适方便、经济效益可观、社会效益好，并以其特有的技术优势适应了现代社会经济发展的新需求，成为世界各国发展的必然选择。中国高铁的发展和运营实践表明，高铁在我国有很大的发展空间和潜力，我国应充分利用后发优势，实现我国高速铁路的跨越式发展。

第 4 章　第一类高铁：轮轨高铁

轮轨高铁是指运营在轨道上，运营速度大于 200 km/h 而小于 400 km/h 的高速铁路，即日常人们出行乘坐的高铁，也叫常规高铁。目前，轮轨高铁技术发展最成熟的四个国家是日本、法国、德国和中国。而中国是高速铁路起步最晚，但是却发展最迅速的国家。中国通过引入日本、德国、法国等高速铁路技术，经过集成创新设计了 CRH1、CRH2、CRH3、CRH5、CRH380、CRH200、CRH300、CRH400 等八个型号的高速铁路列车，成为世界上高速铁路运营里程最长、运营速度最快、线路网路规模最大的国家，如图 4.1 所示。

图 4.1　CRH 轮轨高铁

高速铁路是当今许多前沿科学技术的创新和集成，同时也是各国科学技术水平的体现。当前世界上轮轨高铁技术主要有法国的 TGV、德国的 ICE、日本的新干线以及中国的 CRH 等技术。各国轮轨高铁的列车技术，见表 4.1。

表 4.1 世界各个国家轮轨高铁列车技术表

国家和地区		技术	引进技术
中国	大陆	CRH	日本、德国、法国
	台湾	采用日本新干线系统	日本
俄罗斯		在 ICE3 基础上研究适应俄罗斯宽轨的 Velaro RUS EVS	德国
韩国		KTX，采用法国 TGV-A 型动车组	法国
日本		新干线	日本
法国		TGV	法国
英国		采用法国 TGV 技术，列车为"欧洲之星"	法国
德国		ICE	德国
西班牙		早期采用 TGV，后采用西班牙 TALGO 和德国 ICE 技术	法国、德国
意大利		ETR 列车、摆式列车	意大利

欧洲国家主要采用法国的 TGV 技术。亚洲国家和地区中：韩国采用法国技术；中国台湾高速铁路引入日本的新干线列车技术，但是电力保护系统采用的是欧洲标准；中国大陆的 CRH 快速列车是在对德国 ICE、法国 TGV 以及日本新干线的列车技术进行集成的基础上，系统创新。

表 4.2 日本、法国、德国轮轨高铁列车技术标准比较

指标	日本			法国		德国
	东海道新干线	山阳新干线	上越新干线	东南线	大西洋线	ICE
线路长度/m	515	554	766	410	284	426
建设期间	1959—1964	1967—1975	1971—1991	1976—1983	1985—1990	1976—1991
设计最高速度/（km/h）	210	260	260	360	350	300
运营最高速度/（km/h）	270	270~300	275	270	300	280
最小曲率半径/m	2 500	4 000	4 000	4 000	6 250	4 670
最小纵曲率/%	10 000	15 000	15 000	25 000	25 000	22 000
最陡坡度/%	20	15	15	35	25	12.5
轨道中心距离/m	4.2	4.3	4.3	4.2	4.2	4.7
车体宽度/m	3.4	3.4	3.4	2.9	2.9	3.1
施工路基面宽度/m	10.7	11.6	11.4	13.6	13.6	13.7
复线隧道横断面面积/m²	64	64	64	无	71	82

高铁简史

目前法国 TGV 技术在全世界有七个国家在使用，是全世界运用最广泛的高铁铁路技术，如图 4.2 所示。

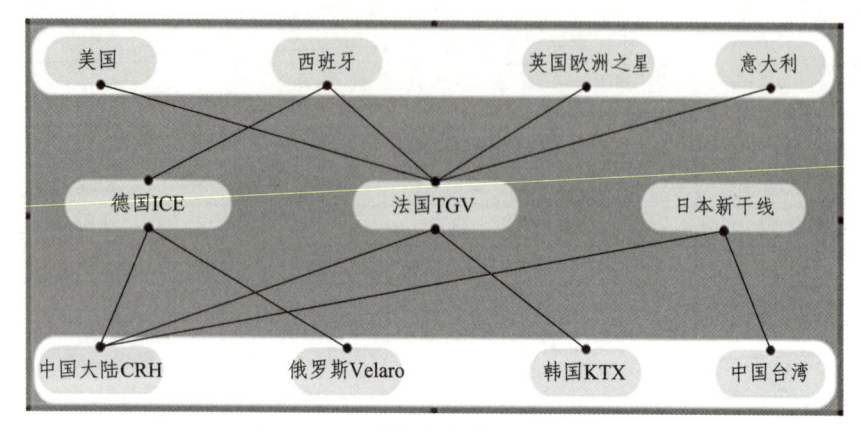

图 4.2　世界轮轨高铁的技术关系

（一）日本轮轨高铁。日本建造了世界上第一条高速铁路，因此也开创了高速地面交通这个概念。第一条东京—大阪的新干线于 1964 年开通，运营速度 210 km/h，后来该线延长至 1 079 km。新干线的改进和延伸一直在不断进行，运营速度随着车辆构造的改进而得以提高到 240 km/h 和 270 km/h，并最终达到 300 km/h。速度 350 km/h 以上的线路也在设计中。这些线路具有高的可靠性、舒适度和安全系数，运营几十年来从没有发生过旅客死亡事故，如图 4.3 所示。

（a）

·第4章 第一类高铁：轮轨高铁·

（b）

图4.3 日本轮轨高铁

（二）法国轮轨高铁。法国于1981年在巴黎—里昂之间开通了它的第一条高铁线路，如图4.4。这条线路从一开始就吸引了大量的乘客，它的运行速度达到270 km/h。后来又修建了从巴黎到法国东南部的大西洋线、从巴黎到北部里尔的线路以及英吉利海峡隧道。从里昂沿地中海延伸到马赛的线路于2001年开通，最高运营速度超过330 km/h。

图4.4 法国轮轨高铁

（三）德国轮轨高铁。德国在1991年开通了它的第一条高速铁路，如图4.5。从汉诺威到乌尔兹堡的线路，最高速度250 km/h。德国是既有线提速的先锋，许多既有线提到了200 km/h，投资比修建新线少得多。德国修建或开通了数条新线，包括曼海姆—斯图加特、法兰克福—科隆、柏林—汉诺威，还有柏林—汉堡等线路。

高铁简史

图 4.5　德国轮轨高铁

（四）中国轮轨高铁。中国在 2008 年开通了第一条高速铁路，北京到天津城际列车。如图 4.6。后来，京广高铁中武广段于 2009 年 12 月 26 日正式运营，最高运营速度达到 350 km/h，武汉至广州的旅行时间由原来的约 11 h 缩短到 3 h 左右，武汉到长沙直达仅需 1 h，长沙到广州直达仅需 2 h。武广高铁成为世界上运营速度最快、密度最大的高速铁路。目前中国在完善"四纵四横"高铁网络的基础上，又规划了"八纵八横"高铁网络。

图 4.6　中国轮轨高铁

4.1　轮轨高铁的基本特征

最高运营速度是高速铁路最重要的衡量指标。目前轮轨高铁中，最高运营速度为 250～350 km/h，法国 TGV 最近创造了以平均速度 317 km/h 运行 1 000 km 的纪录，而我国轮轨高铁创造了以平均速度 350 km/h 运行 10 000 km 以上的纪录。

4.1.1　轮轨高铁的特殊性

随着列车速度的提高，轮轨高铁对线路的建筑标准要求也不断提高。特别是高速列车通过隧道时会对隧道横断面有很高的要求。因此，轮轨高铁有其特殊性，其特殊性主要包括：空间问题、曲线问题和隧道问题。轮轨高铁的架构如图 4.7。

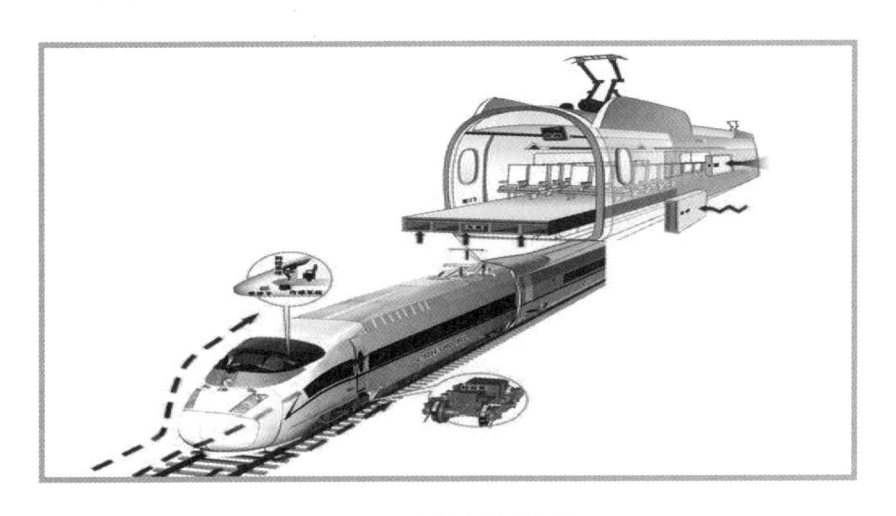

图 4.7　轮轨高铁的架构

（1）轮轨高铁的空间问题。高速列车沿地面高速运行时，将带动列车周围的空气随之运动，形成一种特定的列车风。而相邻线路的两列列车相向高速运行交会时，产生的空气压力冲击波易震碎车窗玻璃，使旅客耳朵感到不适，甚至影响列车运行的平稳性。所以，轮轨高铁要求有一个宽大的行车空间，如图 4.8。它可以通过增大两线间的距离和加宽站台上旅客的安全退避距离来解决。

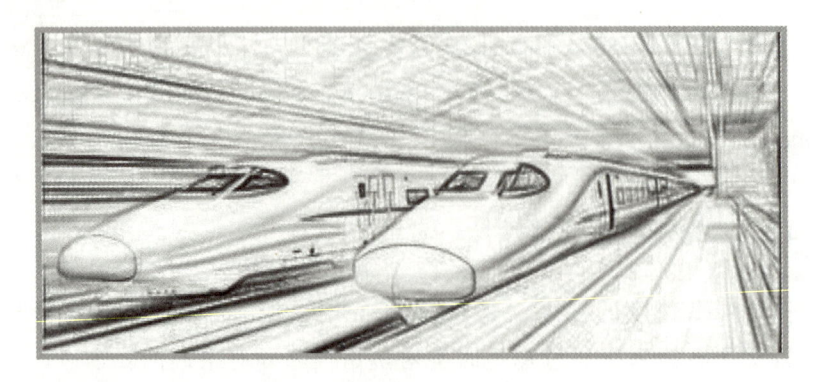

图 4.8　高铁的行车空间

（2）轮轨高铁的曲线问题。轮轨高铁对线路曲线提出了更高的技术要求，如图 4.9。高铁轨道的高平顺性，要求其空间线路曲线尽可能平滑，即线路平纵断面的变化尽可能平缓。同时，列车在曲线上运行，产生的离心加速度与列车速度的平方成正比，该比值直接影响列车运行的舒适、平稳和安全。因此，行车速度越高，平面曲线和立面曲线的半径增幅越大。

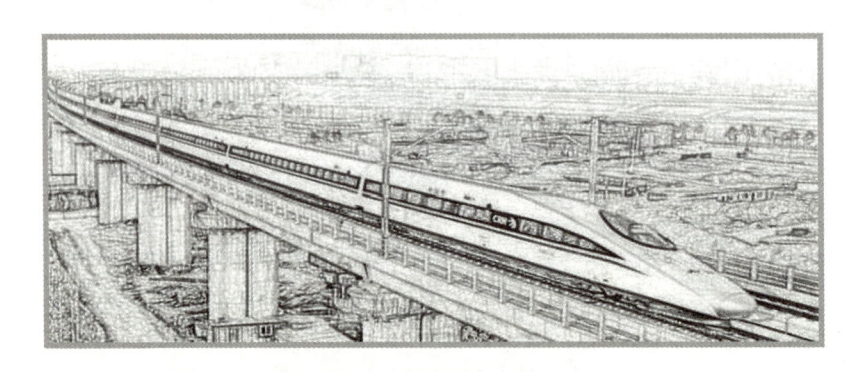

图 4.9　高铁线路的曲线设计

（3）轮轨高铁的隧道问题。轮轨高铁隧道比普通铁路隧道的横断面大，受力比较复杂，且高速列车运行速度较高，隧道维修有一定的时间限制，对隧道衬砌的安全线、耐久性和防水性能要求提高，如图 4.10。另外，高速铁路对隧道底部的强度较普通铁路要求更高，且高速铁路隧道的断面跨度较大，因此对底板厚度、混凝土强度等要求也高。

图 4.10 隧道中穿行的高速列车

4.1.2 轮轨高铁与普通铁路的区别

轮轨高铁的运行速度比普通铁路的运行速度快,因此为了满足这种较高速度的运行,轮轨高铁的列车技术性能、轨道要求等方面均与普通铁路不同。如图 4.11 所示。

(a)普通火车 　　　　　　　　(b)高速铁路

图 4.11 轮轨高铁与普通铁路

(1)轮轨高铁非常平顺,以保证行车安全和舒适性,轮轨高铁都是无缝钢轨,而且速度 300 km/h 以上的轮轨高铁采用的是无砟轨道,就是没有石子的整体式道床来保证平顺性。

(2)轮轨高铁的弯道很少,弯道半径很大,目前轮轨高铁基本在高架上走直线。

（3）轮轨高铁大量采用高架桥梁和隧道，来保证平顺性和缩短距离。

（4）轮轨高铁列车上方的电线悬挂方式也与普通铁路不同，来保证高速动车组的接触稳定和耐久。

（5）轮轨高铁的信号控制系统比普通铁路智能，因为轮轨高铁发车密度大、车速快，安全性要求也高。

4.2 轮轨高铁的发展态势

鉴于轮轨高铁具有许多可观的经济利益和不可估量的政治影响，世界许多的国家纷纷投入高速铁路的建设进程中。由于轮轨高铁技术已经成熟，世界上多个国家和地区开通了轮轨高铁，也有多个国家和地区正在建设和规划了轮轨高铁。图 4.12 所示为中国轮轨高铁远期规划示意图。

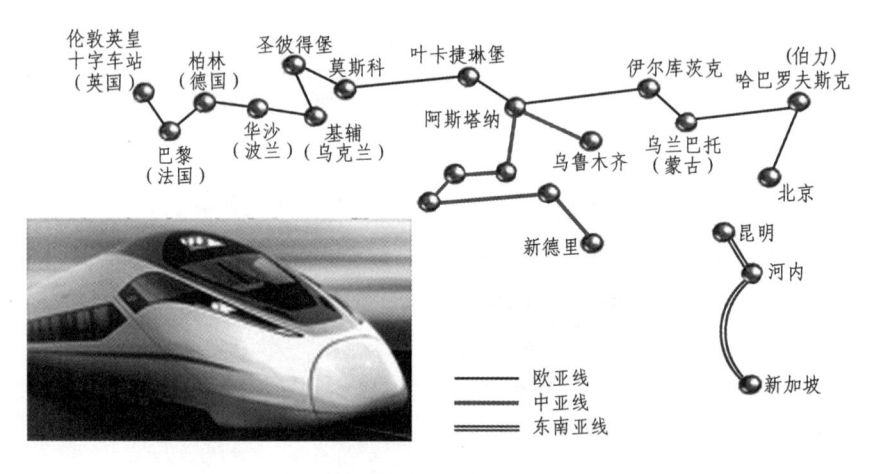

图 4.12 中国轮轨高铁远期规划示意图

4.2.1 欧洲轮轨高铁的发展态势

1994 年在德国召开了欧洲委员会会议，决定实施新建和扩建泛欧交通网的决议。1998 年国际铁盟开始组织研究欧洲高速路网进一步的规划，并

·第4章 第一类高铁：轮轨高铁·

要求2020年将形成全欧洲高速铁路网，如图4.13。

图4.13 欧洲高速铁路网络

其中全欧洲的10条轮轨高铁是：

（1）赫尔辛基—塔林—里加—维尔纽斯—华沙（格但斯克）；

（2）柏林—波兹南—华沙—明斯克—莫斯科—下诺夫哥罗德（向东可联结西伯利亚大铁路）；

（3）柏林（德累斯顿）—卡托维斯—基辅；

（4）纽伦堡（德累斯顿）—布拉格—布拉迪斯拉伐—布达佩斯—布加勒斯特—康斯坦丁（伊斯坦布尔）；

63

（5）威尼斯—柯泊—里基加—布达佩斯—乌兹格罗德—伏尔伏；

（6）格但斯克—波兹南—卡托维斯—维也纳；

（7）维也纳—布达佩斯—贝尔格莱德—布加勒斯特—敖德萨；

（8）地拉那—斯柯布基—索菲亚—莱伐尔那；

（9）赫尔辛基—圣彼得堡—明斯克—加里宁格勒—基辅—亚历山大港—敖德萨；

（10）萨尔茨堡—萨格勒布—贝尔格莱德—索菲亚—雅典。

4.2.1.1 德国轮轨高铁的发展态势

德国的高速铁路技术发展较早，1988年他们电力牵引的行车试验速度突破每小时400 km 大关，达到406.9 km。但是德国实用性高速铁路直到20世纪90年代初才开始修建，原因是德国客运量最集中的地区城市密布，高速铁路已经发达完善，再修建高速铁路显然达不到吸引客流的目的。高速铁路上开行的 ICE 城际高速列车，时速 250 km。1993年以来，ICE 高速列车已进入柏林，把德国首都纳入 ICE 高速运输系统。并且 ICE 也穿过德国与瑞士的边界，实现了苏黎世至法兰克福等线路的国际直通运输。

1. 高铁的运营状况　目前，德国的高速铁路，一条是1991年建成通车的曼海姆至斯图加特线，另一条是1992年建成的汉诺威至维尔茨堡线。

（1）线路特点。德国正在运营的城际特快线路有：汉诺威—富尔加—维尔茨堡、曼海姆—斯图加特、汉诺威—柏林、科隆—法兰克福、科隆—迪伦、拉斯塔特南—奥芬堡、汉堡—柏林、纽伦堡—英戈尔施塔特、慕尼黑—奥格斯堡等，总里程超过 2 000 km，见表4.3。

由德国城际高铁线路分布来说，德国高铁线路还没有形成网络，高速铁路线路在空间上分散为三部分，分别连通德国中部、德国东西部以及德国东南方向内部，各部分线路之间仍然通过常规列车线路连接，见图4.14，行车速度均低于 200 km/h。

表 4.3　德国高速铁路线路综合现状

状态	线路名称	起点站	终点站	里程/km	运营速度/(km/h)	开通年份
正在运营	汉诺威—维尔茨堡	汉诺威	维尔茨堡	327	250	1991
	曼海姆—斯图加特	曼海姆	斯图加特	99	250	1991
	汉诺威—柏林	汉诺威	柏林	148	250	1998
	科隆—法兰克福	科隆	法兰克福	219	300	2002
	科隆—迪伦	科隆	迪伦	39	250	2003
	拉斯塔特南—奥芬堡	拉斯塔特南	奥芬堡	44	250	2004
	汉堡—柏林	汉堡	柏林	286	230	2004
	纽伦堡—英戈尔施塔特	纽伦堡	英戈尔施塔特	89	300	2006
	慕尼黑—奥格斯堡	慕尼黑	奥格斯堡	43	230	2010
	格勒伯斯—爱尔福特	格勒伯斯	爱尔福特	123	250	2015
	纽伦堡—爱尔福特	纽伦堡	爱尔福特	190	250	2016
	奥芬堡—巴塞尔	奥芬堡	巴塞尔	121	250	2015
规划建设	法兰克福—曼海姆	法兰克福	曼海姆	85	300	2017
	斯图加特—乌尔姆	斯图加特	乌尔姆	84.8	250	2019
	汉堡—汉诺威	汉堡	汉诺威	114	300	待定
	塞尔策—明登	塞尔策	明登	71	230	待定

高铁简史

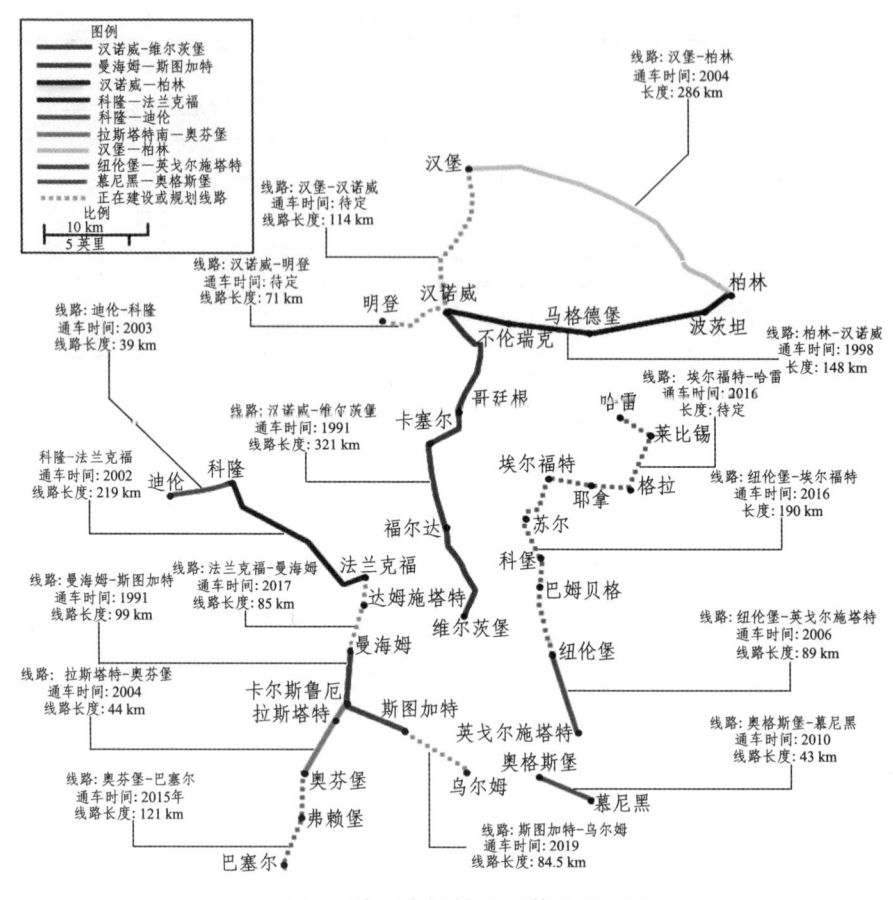

图 4.14　德国高速铁路运营线路网络

（2）技术特性。德国城际快速列车自 1991 年运营以来，共发生一起严重的列车出轨事件，造成 101 人死亡，88 人重伤，调查结果表明是由于车轮使用的材料有缺陷导致列车出轨解体。这一起事件波及了全世界的高速铁路发展计划，德国也因此放缓城际快速列车的建设计划，重点投向其安全性能的研究。德国的高速铁路也是采用自主研发的技术路线，从 1985 年研发出第一台 ICE-V 试验车跑出 409.6 km/h 的成绩，到目前采用了磁悬浮技术的 ICE5，列车的稳定和安全性能全部都得到提升，车内布局设计也更趋于人性化。德国列车技术发展情况见表 4.4。

表 4.4　德国列车技术发展一览表

名　称	投入时间	技术特点	运营速度/（km/h）
ICE-V	1985	试验车型	406.9
ICE-1	1991	以两台机车带10~12节车厢	280
ICE-2	1996	一台机车带7节车厢	280
ICE-3	1997	属于动力分散式，8辆车组成，共16个动轮	300
ICE-T	1998	电力推动列车，列车内摆式技术，不以行驶速度为设计技术	200
ICE-4	2004	非分离式机车，属于动力分散，共120个动轮	300
ICE-5	2005	磁悬浮技术	400

2. 高铁的发展态势　根据德国高速铁路规划，共有法兰克福—曼海姆、斯图加特—乌尔姆、汉堡—汉诺威、塞尔策—明登4条城际特快线路处于规划建设当中。其中，法兰克福—曼海姆将连通德国整个东西部地区。德国对外实现与周边各国的城际快速列车运输网络，成为连通欧洲的核心干线。德国目前通过科隆—迪伦、拉斯塔特南—奥芬堡、奥芬堡—巴塞尔、慕尼黑—奥格斯堡、柏林—波茨南等线路可分别实现与比利时、法国、瑞士、奥地利、波兰的连接，实现欧洲高速铁路网络化。

4.2.1.2　法国轮轨高铁的发展态势

法国属于欧洲发展高速铁路较早的国家，TGV高速铁路技术已经是世界上使用最多的高速铁路技术。同时，TGV也是世界上定期轮轨客运列车中平均速度最快的。TGV最初的成功促进了铁路网络的扩张，多条新线路在法国南部、西部和东北部建成。TGV通过法国铁路网络与瑞士相连，通过西北高速列车铁路网络与比利时、德国和荷兰相连，通过欧洲之星铁路网络与英国相连。TGV高速列车的通行范围已经覆盖大半法国国土。

67

高铁简史

图 4.15 法国 TGV

1. 高铁的运营状况　1981 年，法国第一条高速铁路建成通车。此后，法国修建了 TGV 大西洋高速线、TGV 北方线、TGV 东南延伸线、TGV 巴黎联络线和 TGV 地中海线、TGV 东欧线等线路，见表 4.5。最早修建的 TGV 巴黎东南线最高运行速度为 270 km/h，TGV 地中海线最高运行速度达 300 km/h，TGV 东欧线则达到 320 km/h。

表 4.5　法国已运营线路

线路名称	长度/km	最高车速/（km/h）	通车年份
东南线	409	270	1981
大西洋线	282	300	1989
北方线	333	300	1993
东南延伸线	148	300	1992
巴黎地区东部联络线	128	300	1994
地中海线	251	300	2001
东线（一期）	300	320	2007
莱茵河—罗讷河线（东段）	140	320	2011
佩皮尼昂—菲格拉斯线	52.7	320	2009
布列塔尼—卢瓦尔河地区线	180	320	2012
南欧—大西洋线	120	320	2013
南欧大西洋南部线	120	320	2013
普瓦捷—利摩日线	115	320	2015
东部线（二期）	106	320	2015
波尔多—图卢兹线	230	320	2016
南欧大西洋北部线	180	320	2016

2. 高铁的发展态势　法国高速铁路网目前已形成以巴黎为中心的高速铁路网络主体结构，其以巴黎为中心，向东南西北各个方向辐射，在巴黎和里昂地区设有外环线，北方线列车可通过巴黎外环线绕道转至东南线，如图 4.16。

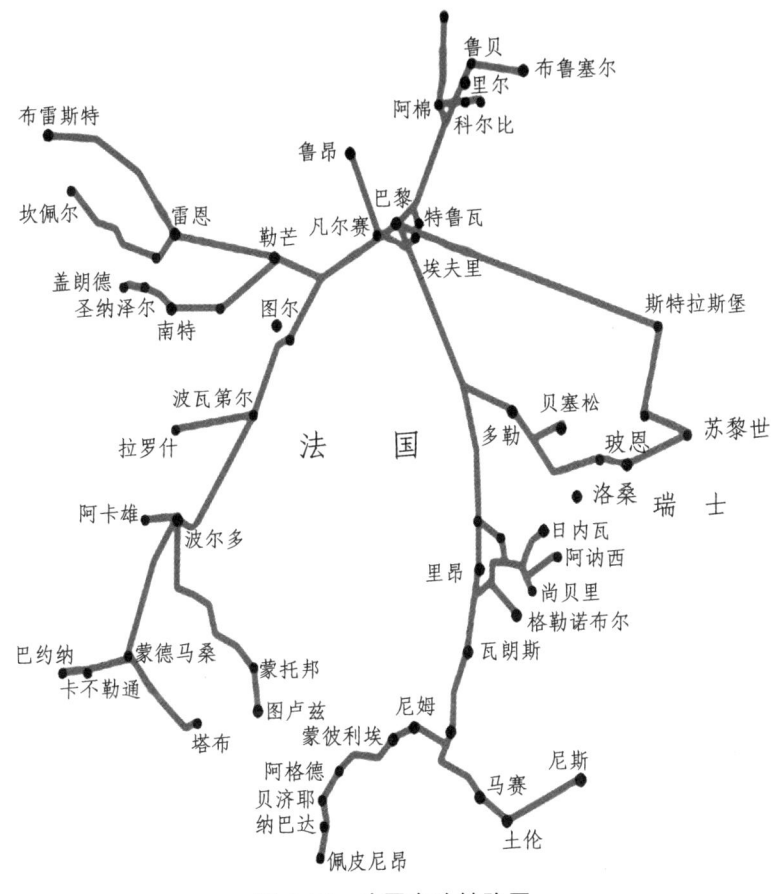

图 4.16　法国高速铁路网

随着世界各国高速铁路快速发展，法国高速铁路也有了新的规划，包括莱茵河—罗讷河线、里昂—都灵新连接线等线路在内的 8 条线路，见表 4.6。预计在 2020 年，法国将建成总里程达 4 700 多千米的高速线路。

表 4.6　法国规划中的高速铁路

线路名称	长度/km	计划通车年份
莱茵河—罗讷河线	185	2022
里昂—都灵新连接线	150	2020
普罗旺斯—阿尔卑斯—蓝色海岸地区线	200	2020
蒙彼利埃—佩皮尼昂新线	150	2022
巴黎地区南部联络线	40	2020
波尔多—西班牙线	230	2020
皮卡第大区线	250	2020
巴黎—里昂二线	430	2025

4.2.1.3　意大利轮轨高铁的发展态势

意大利于 1992 年修建了第一条罗马至佛罗伦萨的高速铁路线路，经过两年的研究后，于 1994 年正式开始修建高速铁路网工程。1998 年意大利对米兰—博洛尼亚段 180 km 铁路进行改造升级，车速提高至每小时 300 km，2000 年过后相继开通了都灵—博洛尼亚、米兰—威尼斯、米兰—热那亚等高速铁路线路。

1. 高铁的运营状况　意大利是欧洲最早建设高速铁路的国家之一，罗马—佛罗伦萨长 254 km 的 Direttissima 高速铁路于 1992 年即已建成通车投入运营。在 20 世纪 90 年代中期，虽进一步规划修建横跨东西、贯通南北的"T"形高速运输网，但是由于受政治和经济等方面诸多原因的影响，迟迟没有实现。直到 2005—2006 年，意大利政府对国家运输政策进行调整，决定投资加快南北高速铁路运输走廊建设，分段修建连接北部和南部主要城市及与已建成的高速铁路 Direttissima 连通的高速新线。

随着意大利高速铁路新线的全线开通，将沿线博洛尼亚、佛罗伦萨、罗马等主要城市连接在一起，形成了全长约 1 000 km 以上的高速铁路网，见图 4.17。意大利高速铁路计划是欧盟高速铁路项目的一部分，未来将与法国、瑞士、斯洛文尼亚等邻国的高速列车实现直通运行。

· 第 4 章 第一类高铁：轮轨高铁 ·

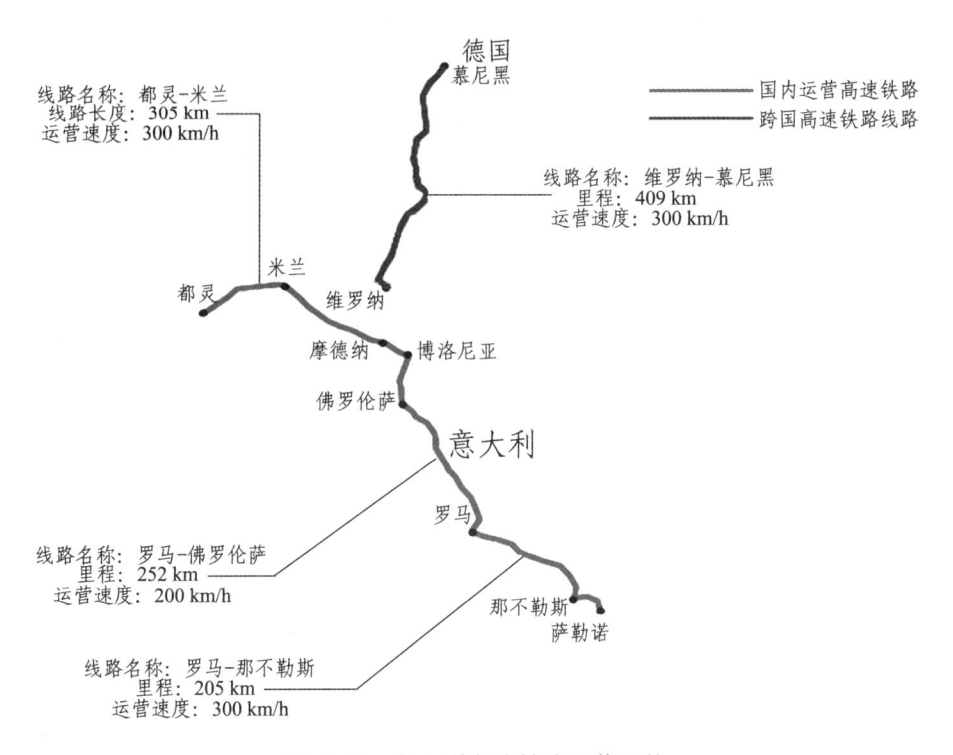

图 4.17 意大利高速铁路运营现状

意大利高速铁路已经运营 20 多年，这期间也曾发生过安全事故，2012 年 4 月 26 日，两辆意大利"欧洲之星红箭"高速列车在驶入罗马特米尼火车站时意外相撞，6 人受轻伤。2012 年 9 月 24 日，在意大利南部地区的奇斯泰尔尼诺市郊区发生一起高速铁路与卡车相撞事故，列车司机当场死亡，多名乘客受伤。这两次的事故都为意大利高速铁路的发展敲响警钟，但是总的来说，意大利高速铁路运营状况还是比较安全的。

2. 高铁的发展态势　欧洲高速铁路一般以法国和德国为中心，其次是西班牙和比利时，但是，随着意大利"T"字型高速铁路网的建成，意大利也将成为欧洲高速铁路网络组成国的最重要的国家之一，见表 4.7。

71

表 4.7　意大利高速铁路运营线路

起点站	终点站	里程/km	运营速度/(km/h)	运营时间
罗马	佛罗伦萨	252	200	1992
罗马	那不勒斯	205	300	2005
维罗纳	慕尼黑	409	300	2007
都灵	萨勒诺	918	300	2009
都灵	米兰	305	300	2009

4.2.1.4　西班牙轮轨高铁的发展态势

西班牙高速铁道（西班牙语：Alta Velocidad Española，AVE，简写于西班牙语意思为鸟）是西班牙的高速铁路，最高时速达 300 km。1992 年 4 月，西班牙在巴塞罗那奥运会前夕开通了从马德里至塞维利亚的高速铁路，赶上了世界高速铁路的发展步伐。

1. **高铁的运营状况**　西班牙在第一条高速干线运营成功以后，继续加快高速列车的发展，制定了新的路网规划。经过新建和改建，西班牙高速铁路形成一个现代化的高速路网，跻身于世界铁路的先进行列，见表 4.8。

表 4.8　西班牙现有高速铁路运营线路

编号	起点	终点	速度/(km/h)	里程/km
1	马德里	塞维利亚	250	471
2	马德里	巴塞罗那	280	630
3	马德里	托莱多	250	74
4	马德里	巴伦西亚	250	438
5	巴塞罗那	瓦伦西亚	220	389
6	巴伦西亚	阿利坎特	280	160
7	马德里	塔拉戈纳	250	550

西班牙既有铁路网是宽轨线路，已建成 3 条准轨高速铁路：马德里—塞维利亚 471 km 的高速线；马德里—托莱多 74 km 的高速线；马德里—莱里达 481 km 的高速线，装设 ETCS/ERTMS-1 级列车运行控制系统，最高运行时速 350 km，这些线路上开行 AVE 系列高速列车。

西班牙的高速铁路列车 AVE 属于西班牙国铁，当时西班牙准备建设一条新的铁路，联结马德里和安大路西亚。同时西班牙也在考虑是否将其建设成为一条高速铁路，以便将来延伸后能连接到巴塞罗那和瓦伦西瓦这些大城市，以促进它们的持续发展。2013年7月24日晚8点42分，西班牙一辆编号Alvia 151的高速铁路列车在从马德里开往北部城市费洛尔途中脱轨，造成77人死亡，131人受伤。这在西班牙铁路史上是一个大事故，但是西班牙在列车安全和技术方面仍有值得借鉴的部分。

2. **高铁的发展态势** 目前西班牙正在修建和计划修建的高速铁路线路有：马德里—巴塞罗那—法国西南部、萨拉戈萨—毕尔巴鄂、洛格罗尼奥—法国西南部、马德里—葡萄牙首都里斯本。将要改造的旧线有马德里—巴伦西亚、马德里—莱昂、瓦利阿多里德—洛格罗尼奥、塞维利亚—韦尔瓦、塞维利亚—加的斯等。西班牙境内的高速铁路主要有：Alaris、Alvia、Anant和Euromed多条列车线路。

至2020年西班牙将建成高速铁路1万千米，届时90%的西班牙国民每隔不到50 km就会遇到1个高铁站。西班牙政府将重点建设通向北部、大西洋西海岸地中海沿岸的高铁线路，以及连接主要人口聚集地区，形成放射状的高铁线路网络，见图4.18。

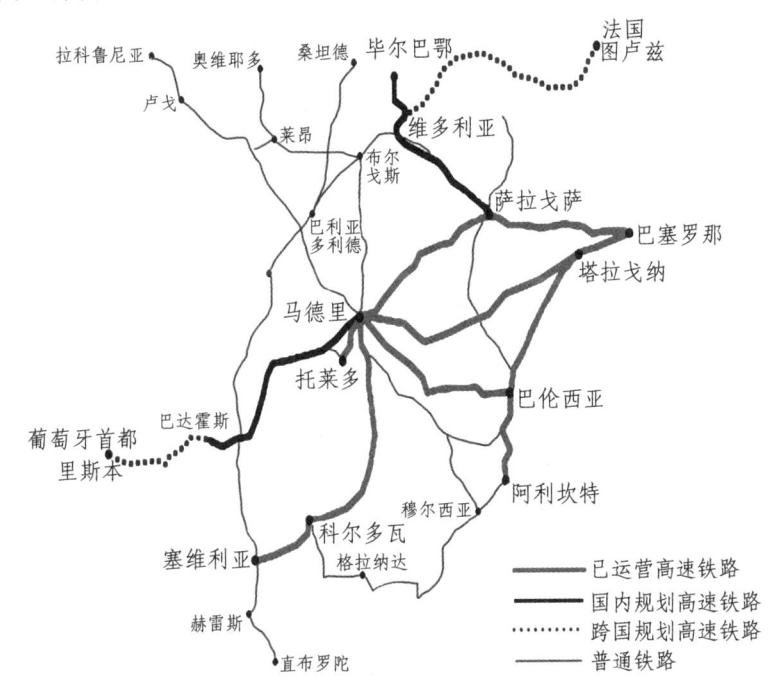

图4.18 西班牙高速铁路线路图

高铁简史

4.2.1.5 英国轮轨高铁的发展态势

英国是世界上铁路发展最早的国家，早在 1804 年就出现了第一台蒸汽式轨道火车。英国铁路起初由分散式小公司运营发展到如今受控于英国铁路运输部的四大铁路巨头，历经了内燃化和电气化改造，并实现了铁路的盈利。到 21 世纪初，英国铁路总里程达到 1.66 万千米。

1. **高铁的运营状况** 英国的高速铁路发展进程相对缓慢，到目前为止只有一条高速铁路线路开通运营。高速铁路一号线（HS1），即伦敦—巴黎线，该线路穿英吉利海峡而过，连接了法国和英国。目前正在规划建设的有一条线路，为英国高铁二号线（HS2），见图 4.19。英国的第一条连接伦敦和巴黎的高铁（HS1），109 km 的路程，建设时间足足耗费了 16 年。而且这段横跨两国的高铁在 2003 年开通之初，仅在法国段维持着每小时 300 km 的高速行驶，而进入到英国段，还是保持着普通铁路最高限速每小时 160 km。

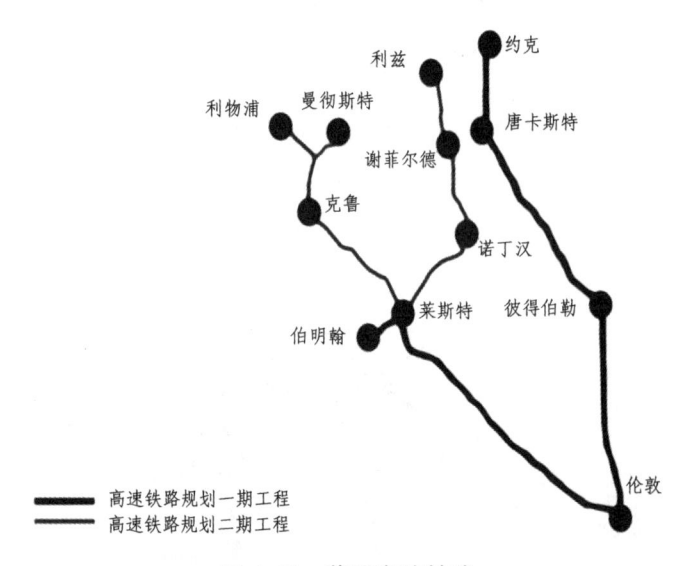

图 4.19 英国高速铁路

2. **高铁的发展态势** 直到 2007 年，英国人才将 HS1 英国段线路提速，真正实现了巴黎至伦敦的全程高速。英国的第二条高铁（HS2）贯通英国南北，总长 525 km，它从英国南部的伦敦到中部的伯明翰，再从伯明翰一分为二至北部城市利兹和曼彻斯特。HS2 开通后，从伦敦到曼彻斯特的时间比原来缩短近半。高铁 HS2 工程分两期进行，第一期工程从伦敦到伯明翰，长度为 225 km，2012 年启动，2017 年动工，2026 年完工。第二期工程从伯明翰至北部城市利兹和曼彻斯特，长度为 300 km，2013 年公布建设计划，预计 2026 年动工，2033 年完成。也就是说，HS2 全线的建设从启动到完工需用 20 年。HS2 高铁项目一期工程将使目前从伦敦至伯明翰的时间减少半小时。

4.2.2 亚洲轮轨高铁的发展态势

亚洲无论人口数量还是土地面积，都是世界最大的洲。但是亚洲拥有轮轨高铁的国家并不多，主要有中国、日本、韩国和土耳其等国家。亚洲高铁网见图 4.20。

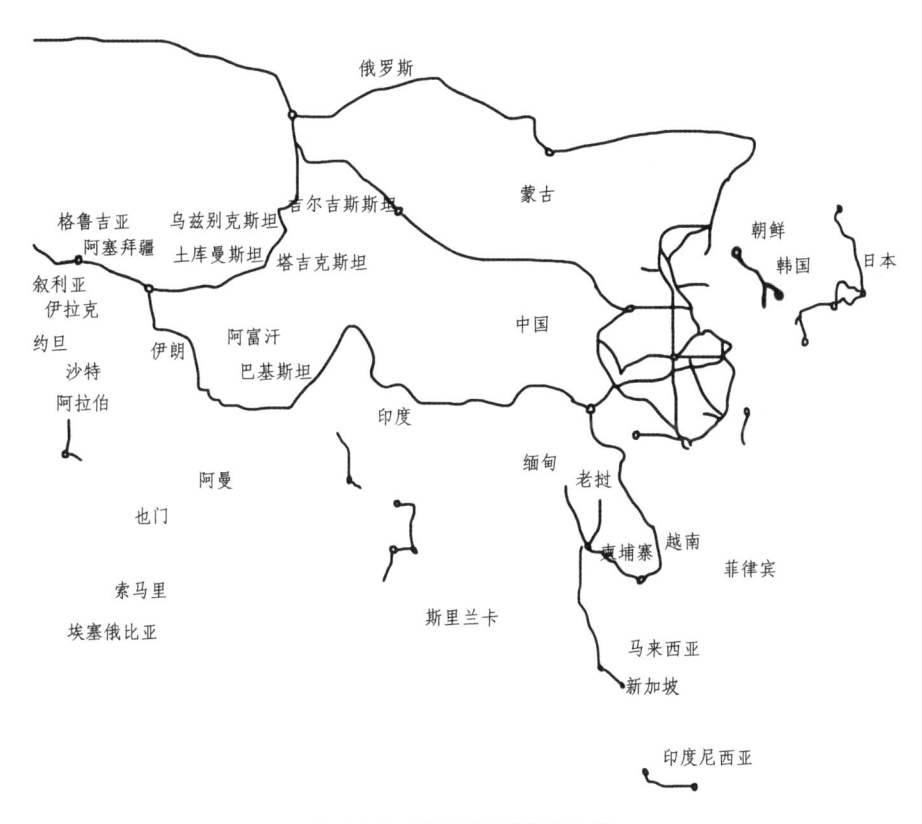

图 4.20 亚洲高速铁路网络

高铁简史

4.2.2.1　日本轮轨高铁的发展态势

日本交通发达，无论是水运、航空还是公路和铁路系统的完善程度都处于世界领先水平，特别是 20 世纪 60 年代过后日本首先发展起来的新干线快速列车技术，已经成为世界先进交通的标志。日本的铁路交通网络由纵横全国的国营铁路、大中型城市间的私营铁路以及城市内部的地铁组成，到目前为止日本的铁路运营线路超过 22 000 km，其中新干线运营长度达到 2 501.5 km，日本八条正在运营的新干线的总旅客人数达到 890 亿。

1. **高铁的运营状况**　日本新干线由于舒适、快速、准点等特点受到广大旅客的认可，所以自 1964 年东海道新干线开通以来，日本高速铁路就为日本岛内承载了将近一半的铁路客流量。日本东海道新干线从 1964 年投入运营以来，至今已 50 多年了，其间相继建成山阳新干线、东北新干线、上越新干线及山形新干线，高速列车从东海道新干线的 0 系，发展了 100 系、200 系、300 系、E1 系（MAX）、400 系、E2 系、E3 系、E4 系、E5 系等高速列车。

2. **高铁的发展态势**　日本目前已开通运营的高速铁路有东海道新干线、山阳新干线、东北新干线、上越新干线、长野新干线、九州新干线、秋田新干线、山形新干线等八条高铁线路，总里程长度达到 2 501.5 km。在建中的高速铁路有东北新干线（延伸段）、北海道新干线、北陆新干线、九州新干线（鹿儿岛线北段）四条，总长度达 580.5 km。规划中的高铁线路以四国新干线、四国横断新干线、中国横断新干线、九州横断新干线等为主，主要实现与中国、朝鲜、韩国的高速铁路衔接，形成快速的地面客流运输通道，见表 4.9。

日本当前在建的四条铁路将会相继投入使用,总里程达到 3 082 km。特别是日本规划打造一条绕日本西海岸的快速客运通道，实现日本西海岸主要城市的通达，并与周边的中国、朝鲜、韩国等国家的高铁连通一体化。

表 4.9 日本高速铁路线路综合现状

状态	线路名称	起点站	终点站	里程/km	运营速度/(km/h)
正在运营	东海道新干线	东京站	新大阪	515.4	300
	山阳新干线	新大阪站	博多站	553.7	300
	东北新干线	东京站	八户站	631.9	275
	上越新干线	大宫站	新潟站	269.5	240
	长野新干线	高崎站	长野站	117.4	275
	九州新干线	新八代站	鹿儿岛中央站	137.6	260
	秋田新干线	盛冈站	秋田站	127.3	130
	山形新干线	福岛站	新庄站	148.6	130
正在修建	东北延伸段	八户站	新青森站	81.2	约 300
	北海道新干线	新青森站	北海道站	148.8	约 300
	北陆新干线	长野站	金沢站	220.6	约 300
	九州新干线	博多站	新八代站	129.9	约 300
规划建设	九州延伸段	新鸟栖站	长崎站	129.9	约 300
	陆新延伸段	金泽站	新大阪	254	约 300
	北海道延伸段	新函馆站	札幌站	211.5	约 300
	四国新干线	新大阪站	松山市	480	约 300
	四国横断新干线	冈山站	高知市	约 160	约 300
	中国横断新干线	冈山站	松江市	约 180	约 300
	九州横断新干线	大分市	熊本市	约 118	约 300
	山阴新干线	新大阪站	下关市	约 505	约 300
	羽越新干线	富山市	新青森站	560	约 300
	奥羽新干线	山形市	秋田市	270	约 300
	北陆中京新干线	敦贺市	名古屋市	50	约 300
	中央新干线	东京都	大阪市	约 490	约 300

高铁简史

图4.21 日本高速铁路运营线路概况

高速铁路从技术层面总共可以分为高速铁路售检票技术、高速铁路列车设计技术、高速铁路轨道防护技术。日本在这三方面的安全研究一直处于世界领先水平。日本自主研发的从0系列到E5系列的动车组在稳定和速度方面与其他国家相比都具有较大的优势，日本目前在线运营的高速列车总共有希望号、光号、回声号、小玉号、疾风号、山神号、那须野号、朱鹮号/谷川号、浅间号、燕子号、小町号、系翼号等13种类型，它们担负着不同线路的客流运输任务。

4.2.2.2 韩国轮轨高铁的发展态势

韩国铁路自从2005年1月1日私有化之后，由总部位于首都首尔的韩国国营铁路公司负责运营，全国共有15条线路，运营总里程超过3 472 km，其中高速铁路线长度为420 km。

1. 高铁的运营状况　2004年4月1日韩国第一条首尔到釜山（大丘）Gyeongbu高速铁路建成通车，列车最大运行速度300 km/h，同年的12月，一组韩制的HSR-350X型列车在试验中，其时速达352.4 km。目前韩国高速铁路（KTX）由韩国铁道（Korail）运营，线路总长度为420 km，车辆采用法国的 TGV 技术，最高时速可达 300 km 以上。

图 4.22　韩国轮轨高铁

2. 高铁的发展态势　韩国的高速铁路首尔—釜山已经全线建成，利用这段高速铁路，以及既有铁路线路，韩国的高速铁路运行两条线路：京釜线（首尔—釜山）：（幸信—）首尔—龙山—光明—天安牙山—大田—东大邱—密阳—龟浦—釜山；湖南线（首尔—木浦）：（幸信—）首尔—龙山—光明—天安牙山—西大田—论山—益山—金堤—井邑—长城—光州/罗州·木浦。除此之外，韩国目前还规划了连通各大主要城市的高速铁路，在空间上形成"三纵两横"结构，见表 4.10。

表 4.10　韩国高速铁路规划线路

规划线路	线路名称	途经主要城市	距离/km
三纵	束草—新庆州	束草—江陵—三陟—浦项—新庆州	约 280
	首尔—釜山	首尔—原州—堤川—鸠潭—永川—东大邱—三浪津—釜山	420
	洪城—丽水	洪城—新长项—益山—全州—顺天—丽水	约 271
两横	仁川机场—春川	仁川机场—首尔—春川	约 102
	木浦—釜山	木浦—光州—顺天—晋州—马山—釜山	约 247

韩国高速铁路规划线路按照线路条件分为快速和高速两类，快速是指列车运营速度定为 230 km/h 的线路，高速是指列车运营速度定为

250 km/h 的线路。目前韩国规划从原州—江陵、原州—堤川、鸠潭—永川、东滩—洪城为高速线路，其余均为快速线路，见图 4.23。

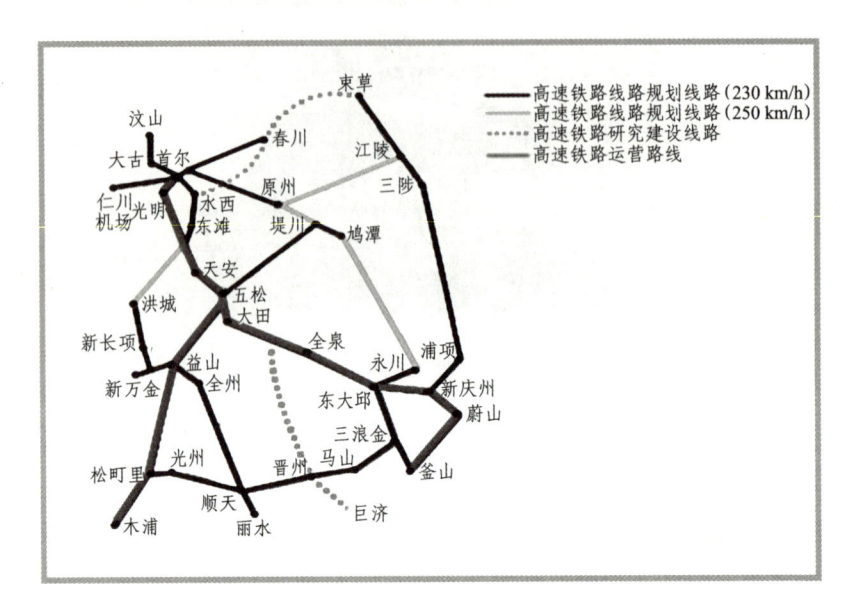

图 4.23　韩国高速铁路运营线路

4.2.2.3　中国轮轨高铁的发展态势

2008 年 8 月 1 日，时速 350 km 的京津城际铁路开通运营，这是中国铁路发展史上的一个重大里程碑。2009 年 12 月至 2010 年 10 月，武广高速、郑西高速、沪宁高速、沪杭高速铁路相继开通运营；特别是 2011 年 7 月京沪高速开通运营，中国自主创新研制的 CRH380 系列高速列车实现了运营，并创造了 486.1 km/h 的世界最高运营速度的纪录。

2017 年 6 月 26 号，中国自主研发的"复兴号"动车组在京沪高铁双向首发。"复兴号"是具有完全自主知识产权的中国标准动车组，它的试验速度可达时速 400 km 及以上。"复兴号"设有强大的安全监测系统，全车部署了 2 500 余项监测点，能够对走行部状态、轴承温度、冷却系统温度、制动系统状态、客室环境进行全方位实时监测。"复兴号"中国标准动车组还增设了碰撞吸能装置，以提高动车组的被动防护能力。"复兴号"动车组将在京沪高铁率先实现 350 km 时速运营，我国成为世界上高铁商业运营速度最高的国家。"复兴号"动车组有"CR400AF"和"CR400BF"两种型号，"A"和"B"为企业标识代码，代表生产厂家。如图 4.24、4.25 所示。

图 4.24 "复兴号"CR400AF 动车组

图 4.25 "复兴号"CR400BF 动车组

1. 高铁的运营状况　中国当前的高速铁路线网主要分布在东南腹部和东南沿海地区，其中京合线、石武线、武广线等三条纵线，由北至南连通了北京、天津、南京、上海、郑州、武汉、长沙、广州等省会城市，是长三角经济圈、环渤海经济圈、长江中游经济圈的快速客运通道。甬台温线、福厦线、温福线以及正在建设的深厦线等连接了杭州、宁波、温州、福州、厦门、汕头、广州等主要沿海城市，是珠三角经济圈的快速客运通道。成武线、合武线横跨中国中部连接，是东部和西部的主要运输线。如图 4.26 所示。

81

高铁简史

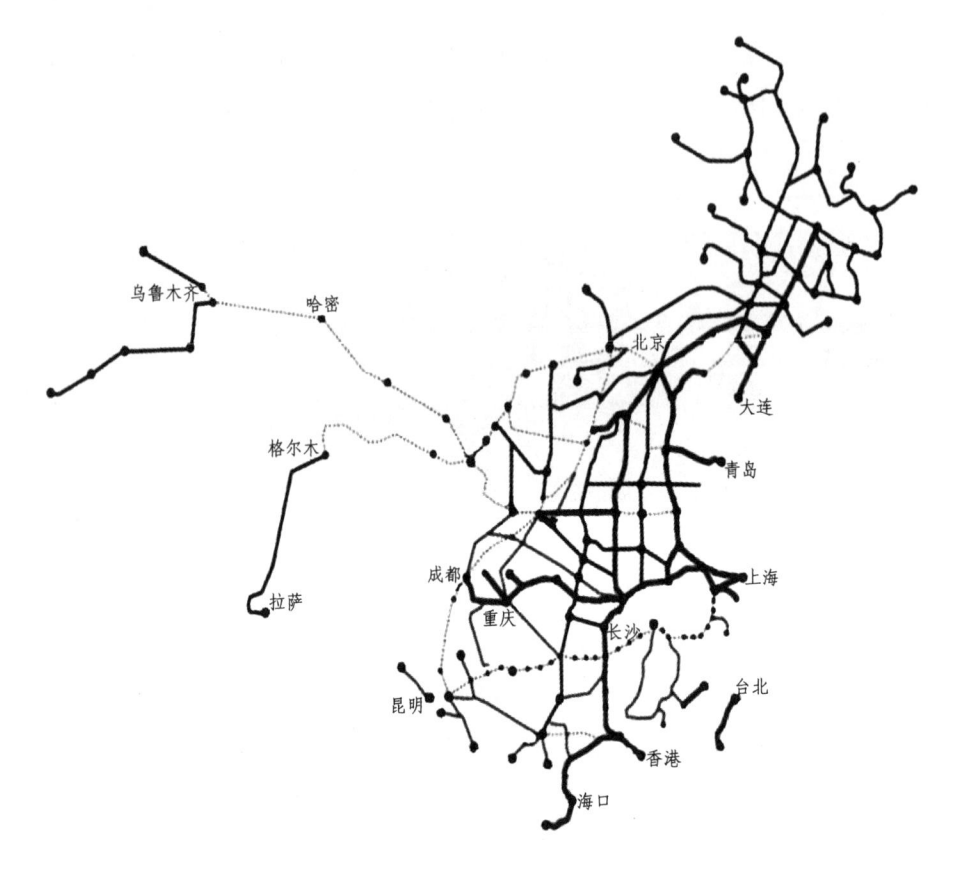

图 4.26 中国高速铁路网络

2. 高铁的发展态势　中国在不到二十年的时间中，通过对国外先进高速铁路技术的引进和对既有线路改造，发展成为世界上高速铁路发展最快、系统技术最全、集成能力最强、运营里程最长、运营速度最高、在建规模最大的国家。

（1）中国高速铁路的近期规划。中国高速铁路网形成一定规模，完成"四纵四横"路网建设，解决春运问题。建成以北京、上海、广州为中心的提速客运网，实现 300~500 km 距离的"朝发夕至"，实现 1 200~1 500 km 距离的"夕发朝至"，实现 2 000~2 500 km 的"一日到达"。北京交通圈涵盖的城市见表 4.11。

82

表 4.11 北京交通圈涵盖的城市

行驶时间	到达城市
1 h	天津、石家庄等城市
2 h	郑州、济南、沈阳、太原等城市
3 h	南京、合肥、长春、大连等城市
4 h	上海、杭州、武汉、西安、哈尔滨等城市

邻近省会城市将形成1至2小时交通圈、省会与周边城市形成半小时至1小时交通圈。除海口、南宁、昆明、乌鲁木齐、拉萨、台北外，北京到全国省会城市都将在8小时以内，如图4.27。

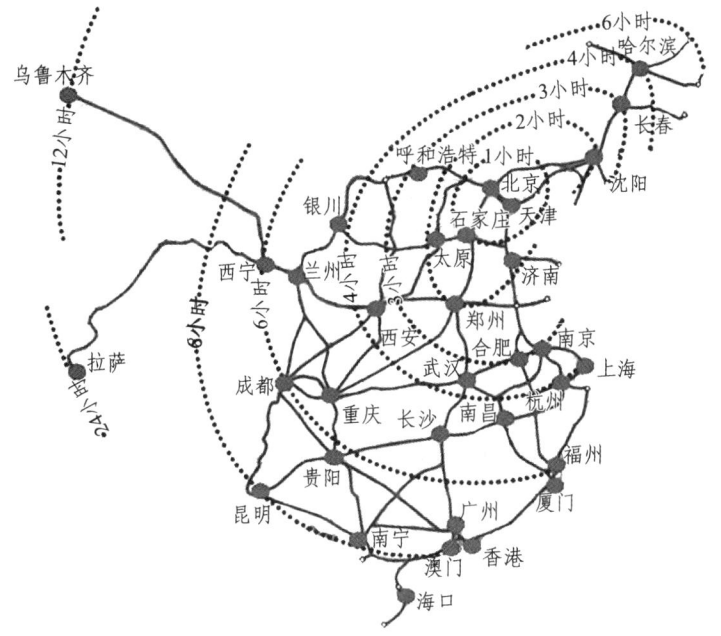

图 4.27 中国高速铁路近期规划网

（2）中国高速铁路的中期规划。到2020年，中国铁路营业里程将达到12万千米以上。其中，新建高速铁路将达到3.8万千米以上；加上其他新建铁路和既有线提速线路，中国铁路快速客运网将达到5万千米以上，连接所有省会城市和50万人口以上城市，覆盖全国90%以上人口，"人便其行、货畅其流"的目标将成为现实。

高铁简史

依据线路东密西疏特点，照顾西部，站点东疏西密的原则，我国高速铁路中期规划是从2010年起至2040年，用30年的时间，将全国主要省区市连接起来，形成国家网络大框架，形成"五纵七横八连线"的格局，见表4.12。

表4.12 五纵七横八连线

序号	名称	备 注
1	五纵	哈沪线、京沪线、京港线、集昆线、西湛线
2	七横	沈兰线、青银线、盐西线、沪蓉线、沪昆线、沪南线、杭广线
3	八连线	津唐线、开河线、宁南线、宁宁线、金温线、汉福线、南厦线、衡南线

第一，我国中期规划的"五纵"高铁线路。我国高速铁路中期规划中的"五纵"的具体线路，如图4.28。

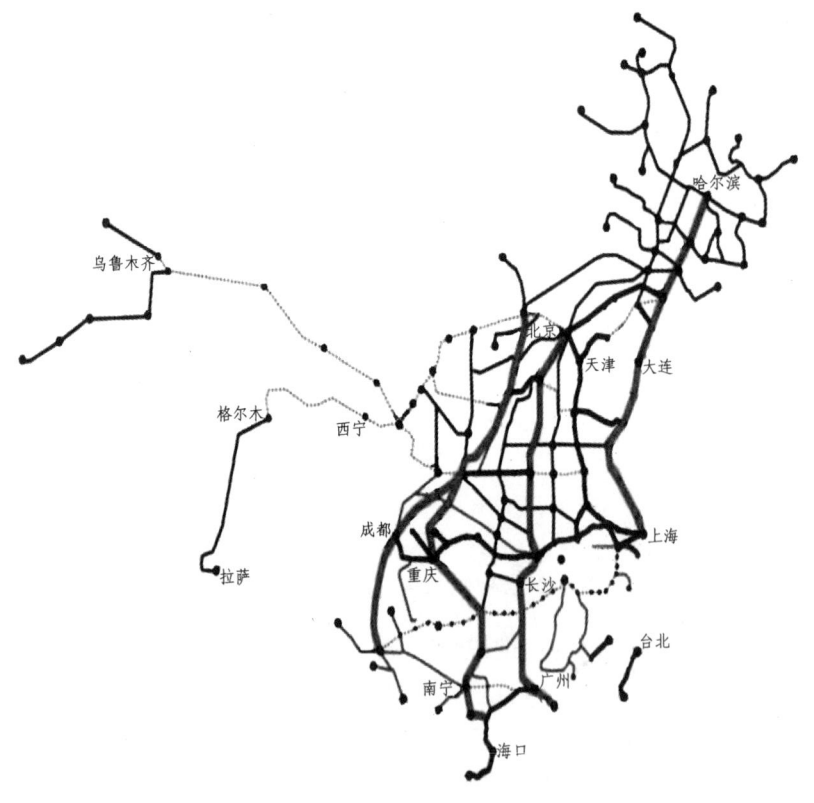

图4.28 中国五纵中期规划

84

① 哈沪线:哈尔滨—扶余—长春—四平南—沈阳—营口—大连—烟台—青岛—日照—连云港(海州)—盐城—南通—上海。全线按以上节点只设 14 个停车站,站点之间直连。

② 京港线:北京—保定—石家庄—邯郸北—安阳南—郑州—漯河—信阳北—武汉—岳阳—长沙南—衡阳—郴州—韶关—广州—深圳—九龙。全线按以上节点只设 17 个停车站,站点之间直连。

③ 集昆线:集宁—大同—朔州—忻州北—太原南—界休—临汾—韩城—西安—佛平—汉中—宁强—广元—绵阳—成都—乐山—冕宁—西昌—攀枝花—昆明。全线按以上节点只设 20 个停车站,站点之间直连。

④ 西湛线:西安—安康—万源—达州—华莹—重庆—遵义—贵阳—都匀—独山—南丹—河池西—马山北—南宁—钦州—北海—湛江。全线按以上节点只设 17 个停车站,站点之间直连。

⑤ 京沪线:北京—天津—沧州—德州—济南西—济宁—徐州—蚌埠—南京—无锡—上海—浦东机场。

第二,我国中期规划的"七横"高铁线路。我国高速铁路中期规划中的"七横"的具体线路,如图 4.29。

① 沈兰线:沈阳—盘锦—锦州—秦皇岛—唐山—北京—张家口—集宁—呼市—包头—杭锦—乌海—石嘴山—银川—青铜峡—中卫—白银—兰州。全线按以上节点只设 20 个停车站,站点之间直连。

② 青银线:青岛—潍坊—淄博—济南西—武城—衡水—石家庄—阳泉—太原南—吕梁(离石)—绥德—靖边—鄂托克—银川。全线按以上节点只设 14 个停车站,站点之间直连。

③ 盐西线:盐城—淮安—宿迁—徐州西—商丘—开封东—郑州—洛阳—三门峡—华阴—西安—宝鸡—天水—定西—兰州—红古—西宁。全线按以上节点只设 17 个停车站,站点之间直连。

④ 沪蓉线:上海—南京—合肥—六安—麻城—武汉—潜江—荆州—宜昌—水布垭(或五峰)—恩施—黔江—涪陵西—重庆—遂宁—成都。全线按以上节点只设 15 个停车站,站点之间直连。该线向东南,可经溧阳—湖州—杭州—绍兴—宁波;向东可沿江北,经扬州、泰州至南通。

高铁简史

图 4.29 中国七横中期规划

⑤ 沪昆线：上海—嘉兴—杭州—金华—衢州—上饶—鹰潭—南昌南—新余—萍乡—长沙南—娄底—邵阳—洞口北—怀化—玉屏—凯里—都匀—贵阳—安顺—关岭—盘县—曲靖—昆明。全线按以上节点只设 24 个停车站，站点之间直连。

⑥ 沪南线：上海—宁波—台州—温州—福鼎—宁德—福州—莆田—泉州—厦门（同安）—漳州南—云宵—汕头—汕尾—惠州—广州—肇庆—云浮—郁南—梧州—桂平东—贵港—南宁。全线按以上节点只设 23 个停车站，站点之间直连。

⑦ 杭广线：杭州—金华—遂昌—龙泉—松溪—建瓯—南平—沙县—三明—永安—漳平—龙岩—永定—梅州—广州。

第三，我国中期规划的"八连线"高铁线路。我国高速铁路中期规划中的"八连线"的具体线路，如图4.30。

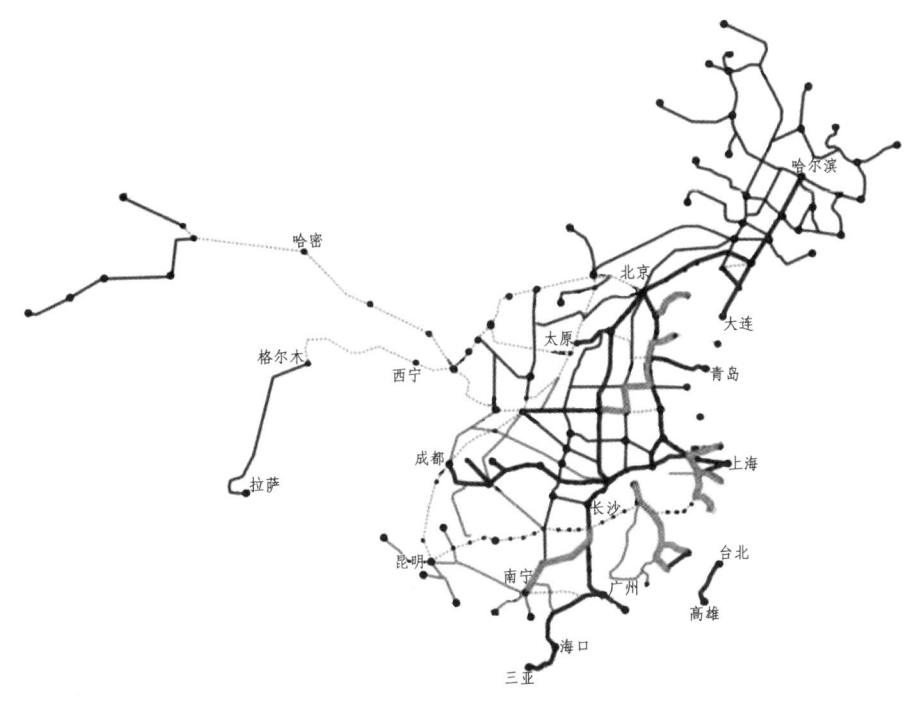

图 4.30 中国八连线中期规划

① 津唐线：天津—唐山。
② 开河线：开封东—菏泽—东平—济南西—滨州—东营北—河口。
③ 宁南线：南京—扬州—泰州—南通。
④ 宁宁线：南京—溧阳—湖州—杭州—绍兴—宁波。
⑤ 金温线：金华—丽水—温州。
⑥ 汉福线：武汉—黄石西—武穴（江南）—九江（县）—德安—南昌南—抚州—邵武—南平—福州。
⑦ 南厦线：南平—三明—大田—厦门（同安）。
⑧ 衡南线：衡阳—祁东—永州—全州—桂林—柳州—来宾—宾阳—南宁。

高铁简史

（3）中国高速铁路的远期规划。我国高速铁路远期规划是从 2040 年起至 2070 年，再用 30 年的时间，最迟到 2100 年前全部建成。实现东部加密、西部连通成网（即连通西部主要交通枢纽），连接全国主要交通节点城市和旅游景点，使西部地区主要城市可通达任何沿海省区，实现"八纵八横"的轮轨高铁网络，如图 4.31。

八纵	
沿海通道	大连(丹东)—天津—上海—深圳—北海(防城港)
京沪通道	北京—天津—济南—南京—上海(杭州)
京港(台)通道	北京—菏泽—阜阳—南昌—深圳—香港(九龙)
京哈～京港澳通道	哈尔滨—沈阳—北京—郑州—武汉—长沙—深圳—香港
呼南通道	呼和浩特—郑州—常德—益阳—邵阳—永州—南宁
京昆通道	北京—石家庄—太原—西安—成都(重庆)—昆明
包(银)海通道	包头—西安—重庆—贵阳—南宁—海口(三亚)
兰(西)广通道	兰州(西宁)—成都(重庆)—贵阳—广州

八横	
绥满通道	绥芬河—哈尔滨—齐齐哈尔—海拉尔—满洲里
京兰通道	北京—呼和浩特—银川—兰州
青银通道	青岛—济南—石家庄—太原—银川
陆桥通道	连云港—郑州—西安—兰州—西宁—乌鲁木齐
沿江通道	上海—南京—合肥—武汉—重庆—成都
沪昆通道	上海—杭州—南昌—长沙—贵阳—昆明
厦渝通道	厦门—赣州—长沙—常德—张家界—重庆
广昆通道	广州—南宁—昆明

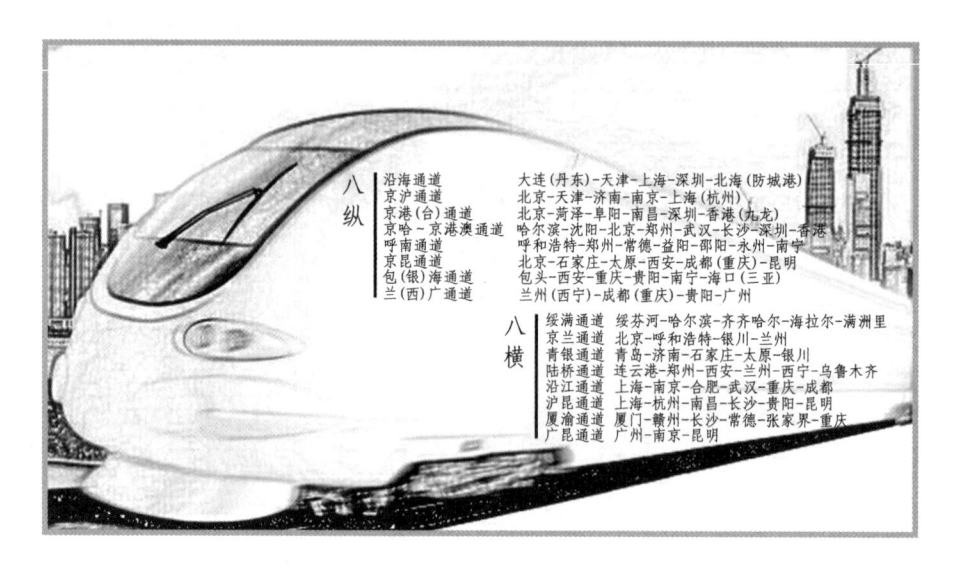

图 4.31 中国高速铁路"八横八纵"

第一，我国远期规划的"八纵"高铁线路。我国高速铁路远期规划中的"八纵"线路：

① 沿海通道。大连（丹东）—秦皇岛—天津—东营—潍坊—青岛（烟台）—连云港—盐城—南通—上海—宁波—福州—厦门—深圳—湛江—北海（防城港）高速铁路（其中青岛至盐城段利用青连、连盐铁路，南通至上海段利用沪通铁路），连接东部沿海地区，贯通京津冀、辽中南、山东半岛、东陇海、长三角、海峡西岸、珠三角、北部湾等城市群。

② 京沪通道。北京—天津—济南—南京—上海（杭州）高速铁路，包括南京—杭州、蚌埠—合肥—杭州高速铁路，同时通过北京—天津—东营—潍坊—临沂—淮安—扬州—南通—上海高速铁路，连接华北、华东地区，

88

贯通京津冀、长三角等城市群。

③ 京港（台）通道。北京—衡水—菏泽—商丘—阜阳—合肥（黄冈）—九江—南昌—赣州—深圳—香港（九龙）高速铁路；另一支线为合肥—福州—台北高速铁路，包括南昌—福州（莆田）铁路。连接华北、华中、华东、华南地区，贯通京津冀、长江中游、海峡西岸、珠三角等城市群。

④ 京哈—京港澳通道。哈尔滨—长春—沈阳—北京—石家庄—郑州—武汉—长沙—广州—深圳—香港高速铁路，包括广州—珠海—澳门高速铁路。连接东北、华北、华中、华南、港澳地区，贯通哈长、辽中南、京津冀、中原、长江中游、珠三角等城市群。

⑤ 呼南通道。呼和浩特—大同—太原—长治—晋城—焦作—郑州—襄阳—常德—益阳—娄底—邵阳—永州—桂林—南宁高速铁路。连接华北、中原、华中、华南地区，贯通呼包鄂榆、山西中部、中原、长江中游、北部湾等城市群。

⑥ 京昆通道。北京—石家庄—太原—西安—成都（重庆）—昆明高速铁路，包括北京—张家口—大同—太原高速铁路。连接华北、西北、西南地区，贯通京津冀、太原、关中平原、成渝、滇中等城市群。

⑦ 包（银）海通道。包头—延安—西安—重庆—贵阳—南宁—湛江—海口（三亚）高速铁路，包括银川—西安以及海南环岛高速铁路。连接西北、西南、华南地区，贯通呼包鄂、宁夏沿黄、关中平原、成渝、黔中、北部湾等城市群。

⑧ 兰（西）广通道。兰州（西宁）—成都（重庆）—贵阳—广州高速铁路。连接西北、西南、华南地区，贯通兰西、成渝、黔中、珠三角等城市群。

第二，我国远期规划的"八横"高铁线路。我国高速铁路远期规划中的"八横"线路：

① 绥满通道。绥芬河—牡丹江—哈尔滨—齐齐哈尔—海拉尔—满洲里高速铁路。连接黑龙江及蒙东地区。

② 京兰通道。北京—呼和浩特—银川—兰州高速铁路。连接华北、西北地区，贯通京津冀、呼包鄂、宁夏沿黄、兰西等城市群。

③ 青银通道。青岛—济南—石家庄—太原—银川高速铁路（其中绥德至银川段利用太中银铁路）。连接华东、华北、西北地区，贯通山东半岛、京津冀、太原、宁夏沿黄等城市群。

④ 沿江通道。上海—南京—合肥—武汉—重庆—成都高速铁路，包括南京—安庆—九江—武汉—宜昌—重庆、万州—达州—遂宁—成都高速铁路（其中成都至遂宁段利用达成铁路），连接华东、华中、西南地区，贯通长三角、长江中游、成渝等城市群。

⑤ 沪昆通道。上海—杭州—南昌—长沙—贵阳—昆明高速铁路。连接华东、华中、西南地区，贯通长三角、长江中游、黔中、滇中等城市群。

⑥ 厦渝通道。厦门—龙岩—赣州—长沙—常德—张家界—黔江—重庆高速铁路（其中厦门至赣州段利用龙厦铁路、赣龙铁路，常德至黔江段利用黔张常铁路）。连接海峡西岸、中南、西南地区，贯通海峡西岸、长江中游、成渝等城市群。

⑦ 广昆通道。广州—南宁—昆明高速铁路。连接华南、西南地区，贯通珠三角、北部湾、滇中等城市群。

⑧ 陆桥通道。连云港—徐州—郑州—西安—兰州—西宁—乌鲁木齐高速铁路。连接华东、华中、西北地区，贯通东陇海、中原、关中平原、兰西、天山北坡等城市群。

中国轮轨高铁八纵八横主通道如图 4.32 所示。

图 4.32 中国轮轨高铁八纵八横主通道

4.2.3 美洲轮轨高铁的发展态势

目前，美洲还没有高速铁路，其中美国可能是北美洲第一个拥有高速铁路的国家，而巴西可能是南美洲第一个拥有高速铁路的国家。

1. 美国高速铁路 美国是世界上曾经的铁路之王，美国的铁路货运至今在全球位于领先地位，但美国的高速铁路发展十分缓慢：20 世纪 60 年代就提出高速铁路建设计划，但预计西部加州跨州高速铁路至少 2020 年才能完工。美国之所以没有发展高速铁路的充足动力，主要是由于低密度的人口分布，高度发达的公路网络，汽车的高普及率以及航空业的发达等各个方面抑制了其对高速铁路的需求。

美国希望打造 11 条高速铁路通道，3 条在人口稠密的东北部地区，然后延伸至佛罗里达州、墨西哥湾北部沿岸、中西部、得克萨斯州、太平洋西北沿岸以及加利福尼亚州。美国将在未来 20~30 年的时间内发展到 2.7 万千米的高速铁路网，如图 4.33。

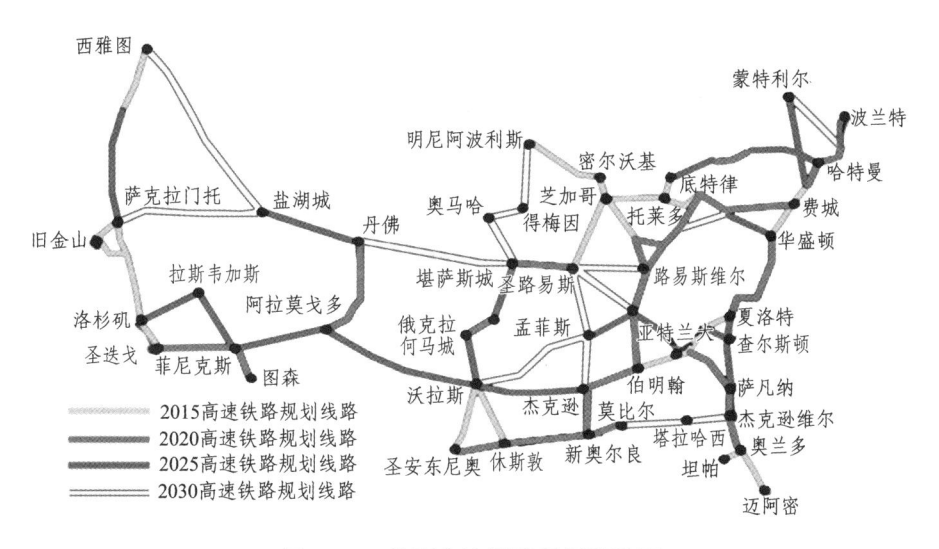

图 4.33 美国高速铁路规划路线图

2. 巴西高速铁路 巴西政府把发展铁路运输放在了优先位置，制订了铁路网中期规划。规划的主要内容是完善铁路网结构，其中包括铁路安全系统、铁路提速、城郊运输、公铁交叉立交桥、铁路沿线的住房拆迁和居民安置等，预计在五年内投资 120 亿雷亚尔。目前巴西只有一条高速铁路线路处于规划当中，如图 4.34，它预计从坎皮纳斯出发，途经圣保罗、雅卡雷伊、陶巴特、克鲁塞马等中间 11 个城市，最后抵达里约热内卢，总里程长达 511 km，计划时速 285 km，从圣保罗到里约热内卢全程缩短 1.5 h。

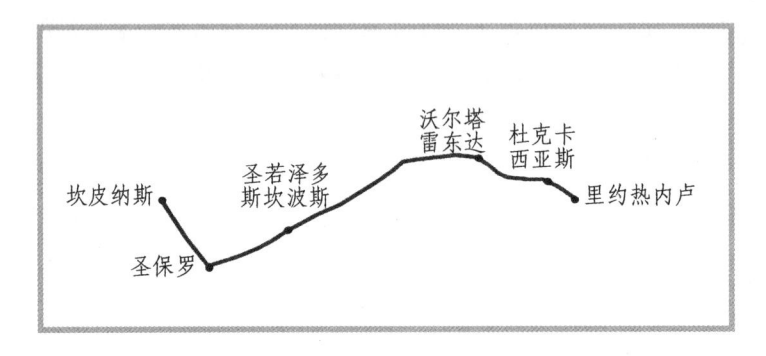

图 4.34 巴西首条高铁线路规划路线

4.3 轮轨高铁的发展愿景

如前所述，高铁发展对国家及地区发展战略影响重大。当前世界上许多国家都开始修建跨国高速铁路，以尽快实现国家及地区间的路面快速通道，消除国家间由于地理位置限制的影响，加快地区间经济和资源的交流合作。从国家发展大局上考虑，高速铁路具有深远的战略影响，因为从战略方面来说它可以保障国家安全。特别从全球发展大局上考虑，高铁的发展对于世界政治经济有十分深远的影响，高铁可以促进世界一体化，实现"地球村"的构想。

高速铁路作为一种安全可靠、快捷舒适、运载量大、低碳环保的运输方式，已经成为世界交通业发展的重要趋势。目前，欧洲拥有高速铁路的 9 个国家计划投资 2 000 亿美元，使总长 7 000 km 的高速铁路延长到 1.6

万千米。日本已经启动了磁悬浮中央新干线的建设项目,这条连接东京和大阪的高速铁路上,列车时速将达到 500 km,届时将成为世界上最快的铁路列车。美国作为传统的以公路运输为主的国家,也开始建设高速铁路,到 2024 年,高速铁路将要覆盖 80% 的美国人。而中国高速铁路的发展是从无到有,从追寻者到领跑者,建设规模与速度都走在世界前列,到 2024 年,我国将有 90% 的人可以坐着高速铁路出行。到 2024 年,世界不但进入"高铁时代",而且也将进入"地球村"的时代。

4.4 小　结

高速铁路的准点、快速、舒适等特点受到世界各国旅客的青睐,已经成为旅途出行的首选交通方式。如前所述,高铁相对于其他交通运输方式,输送能力强、速度较快、安全性好、正点率高、能源消耗较低、对环境影响较小、占地较少、舒适方便、经济效益可观、社会效益好,并以其特有的技术优势适应了现代社会经济发展的新需求,成为世界各国发展的必然选择。中国高铁的发展和运营实践表明,高铁在我国有很大的发展空间和潜力,我国应充分利用后发优势,实现我国高速铁路的跨越式发展。

第 5 章　第二类高铁：磁浮高铁

由于受到空气阻力和轨道摩擦力作用，轮轨高铁运营速度阀值400 km/h。如果超过阀值 400 km/h，轮轨高铁及容易脱轨发生交通事故。那么，如何让高铁跑得更快呢？让高速列车浮起来，高速列车与轨道之间没有了摩擦力，这样就提高了高速列车的速度，这就是磁悬浮技术。图 5.1 所示为日本磁浮列车。

图 5.1　日本磁浮列车

磁悬浮技术的研究源于德国。1922 年，德国工程师赫尔曼·肯佩尔（Hermann Kemper）提出了电磁浮原理，他认为既然列车最大的阻力来自于与列车车轮与轮轨的摩擦，那么如果列车能够悬浮于轨道之上，不就跑得更快了吗？1934 年，赫尔曼获得了世界上第一项有关磁浮技术的专利。1970 年以后，随着世界工业化国家经济实力的不断加强，为提高交通运输能力以适应经济发展的需要，德国、日本、美国、加拿大、法国、英国等发达国家相继开始筹划进行磁悬浮运输系统的开发。而美国和苏联则分别在19世纪70年代、80年代放弃了这项研究计划，目前只有德国、日本、中国、韩国仍在继续进行磁悬浮系统的研究，并均取得了令世人瞩目的进展。

利用磁悬浮技术运行的高速铁路系统，叫磁浮高铁。磁浮列车不同于一般轮轨粘着式铁路，它没有车轮，是借助无接触的磁浮技术而使车体悬浮在轨道的导轨面上运行的列车。因此，磁悬浮列车是一种靠磁悬浮力（即磁的吸力和排斥力）来推动的列车。由于其轨道的磁力使之悬浮在空中，行走时不需接触地面，因此其阻力只有空气的阻力。磁悬浮列车的最高速度可以达500 km/h以上，比轮轨高速列车的300 km/h还要快。世界上首条投入运营的磁悬浮线是中国上海浦东机场线，如图5.2。

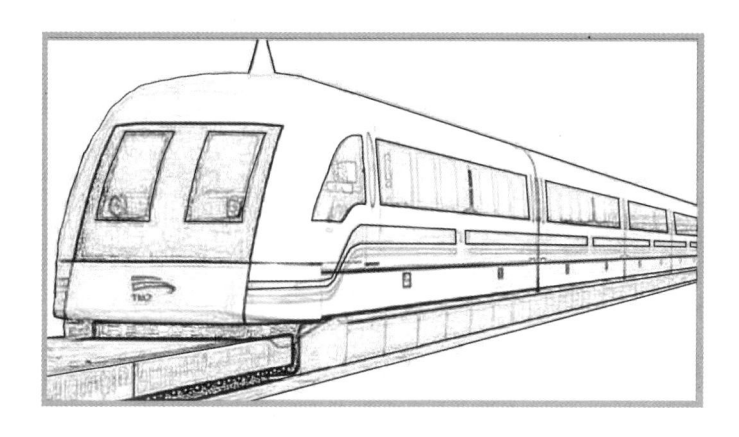

图 5.2　上海磁悬浮列车示意图

日本的磁悬浮列车采用的是超导磁悬浮技术。1982年11月，日本磁浮列车的载人试验获得成功。1997年全长18.4 km的日本山梨磁悬浮试验线建设成功并开始运行试验，2003年12月2日，日本3辆编组的MLX01磁悬浮列车在山梨县创造了581 km/h的世界纪录。然而，磁悬浮线路建设却因为造价高等原因，一直没有获得批复。2015年4月21日上午日本东海铁路公司在山梨县实施了超导磁悬浮列车载人行驶试验，创下了时速603 km的最高纪录，不断刷新着陆地载人交通工具的最高速度纪录。

高铁简史

图 5.3　日本磁悬浮列车

5.1　磁悬浮技术的基本原理

磁悬浮的基本原理很简单，就是利用"同性相斥、异性相吸"的电磁浮原理，以磁铁对抗地心引力，让车辆悬浮起来，然后利用电磁力引导，推动列车前行。从技术上看，磁悬浮主要包括三大技术：无接触支承、导向技术和驱动技术。由于技术与工艺条件的限制，直到 20 世纪 60 年代，各发达国家才开始大规模开展有关磁浮交通的研究，投入精力较多并且取得较为突出成就的是德国和日本。磁浮高铁的架构如图 5.4。

图 5.4　磁浮高铁的架构

1. 超导体　科学家发现许多金属和合金具有在低温下完全失去电阻和完全抗磁性的特性，具有这种性质的导体称为超导体。1911 年，荷兰莱顿大学的卡末林-昂内斯意外地发现，将汞冷却到零下 268.98 ℃ 时，汞的电阻突然消失，卡末林-昂内斯称之为超导态。由于这一发现，他获得了 1913 年的诺贝尔奖。超导态如图 5.5 所示。

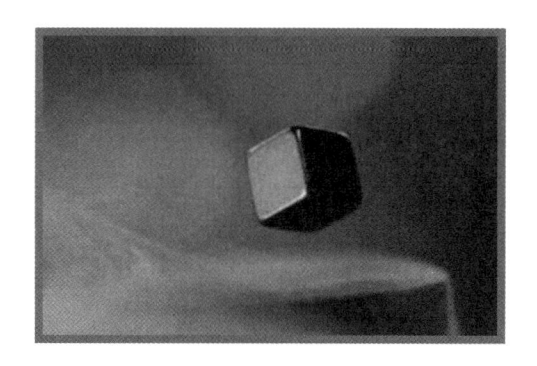

图 5.5　超导态

2. 迈斯纳效应　1933 年德国物理学家迈斯纳和奥森菲尔德对锡单晶球超导体做磁场分布测量时发现，在小磁场中把金属冷却进入超导态时，金属体内的磁力线一下被排出，磁力线不能穿过它的体内，也就是说超导体处于超导态时，体内的磁场恒等于零。这种效应被称为"迈斯纳效应"，如图 5.6 所示。

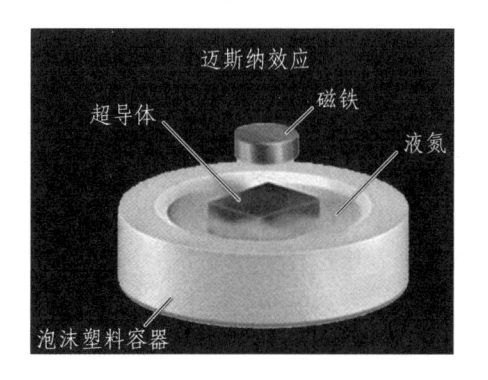

图 5.6　迈斯纳效应

3. 排斥力原理　超导体"不允许"其内部有任何磁场，如果外界有一个磁场要通过超导体内部，那么超导体必然会产生一个与之相反的磁场，保证内部磁场强度为零，这就形成了一个斥力。当在一个超导体正下方放置一个磁体，并使磁感线垂直通过超导体的时候，超导体将获得垂直的上浮力。当这个力的大小刚好等于超导体的重力的时候，超导体就可以悬浮在空中。悬浮系统如图 5.7 所示。

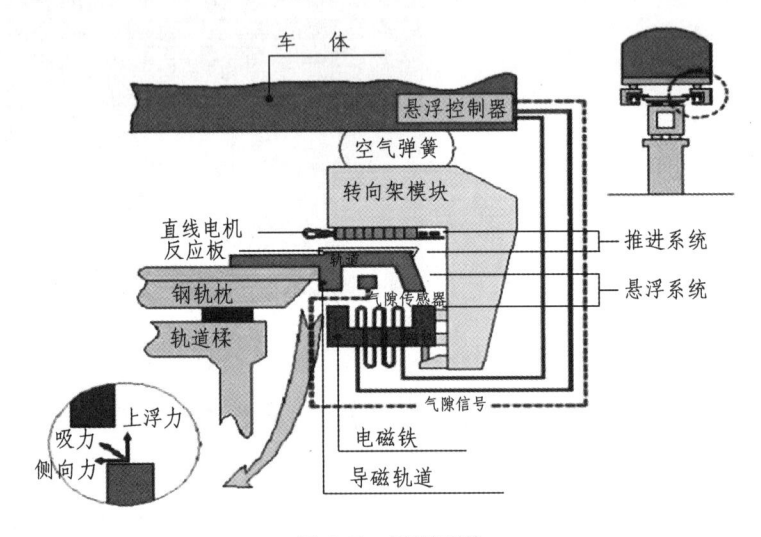

图 5.7　悬浮系统

排斥力随相对距离的减小而逐渐增大，它可以克服超导体的重力，使其悬浮在永磁体上方的一定高度上。当超导体远离永磁体移动时，在超导体中产生一负的磁通密度，感应出反向的临界电流，对永磁体产生吸力，可以克服超导体的重力，使其倒挂在永磁体下方的某一位置上。

4. 磁浮列车原理　目前，在磁浮方面领先的是日本与德国。日本是超导磁浮 [超导型就是电力悬浮系统（Electrodynamic Suspension 缩写，EDS）]，最高试验时速度达到了 603 km/h。德国采用的则是常导磁浮 [常导型就是电磁悬浮系统（Electromagnetic Suspension 缩写，EMS）]，最高试验时速度 505 km/h。中国上海的磁浮线路采用的就是德国技术，运营时速度 430 km/h。磁悬浮列车结构见图 5.8。

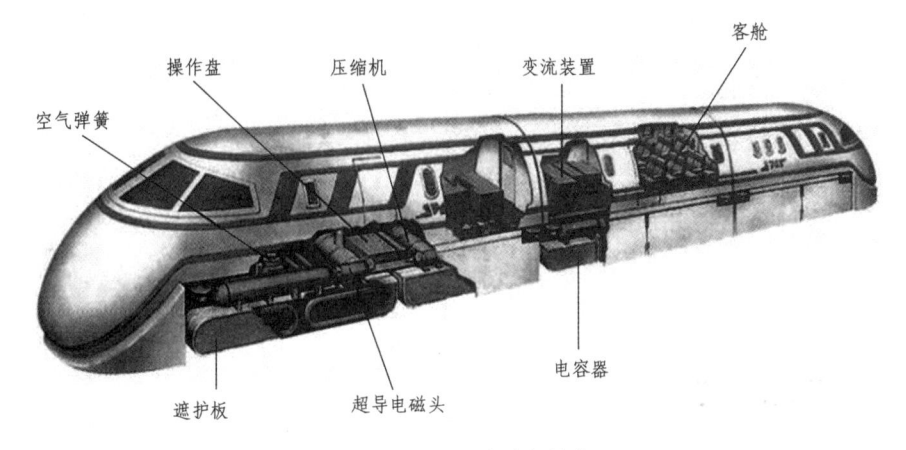

图 5.8 磁悬浮列车结构

磁力悬浮高速列车要使列车速度达到 500 km/h，普通列车是绝对办不到的。如果把超导磁体装在列车内，在地面轨道上敷设铝环，利用它们之间发生相对运动，使铝环中产生感应电流，从而产生磁排斥作用，把列车托起离地面约 10 cm，使列车能悬浮在地面上而高速前进。磁悬浮轨道结构见图 5.9。

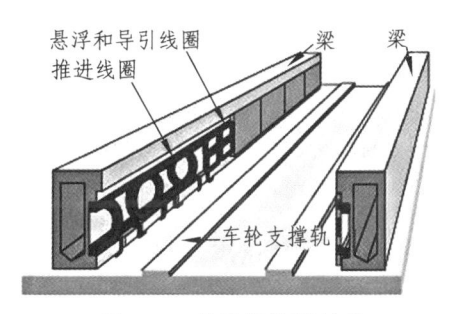

图 5.9 磁悬浮轨道结构

磁悬浮列车一般有低温超导（-4.2 K 液氦稀少、成本高）和高温超导（-77 K 液氮多、便宜），其中最佳温度 -273.15 ℃。磁悬浮列车能抵抗地球引力，悬浮于轨道上，根据工作原理不同，可以分为常导电磁吸引式悬浮和超导推斥型悬浮。"磁悬浮列车"的特点是快速、低耗、环保、安全。由于列车"包"在轨道上运行，没有脱轨危险，所以安全性极高。高速列车运行的动力来自固定在路轨两侧的电磁流，同一区域内的电磁流强度相同,不可能出现几趟列车速度不同或相向而动的现象,从而排除了列车追尾或相撞的可能。但建设一条高速磁悬浮线路的总成本很高,它相当于3条轮轨高铁的建设成本。

5. **常导电磁吸引式悬浮原理** 常导电磁吸引式磁悬浮是电磁力主动控制悬浮,由车上常导电流产生的电磁吸引力,吸引轨道下方的导磁体,使列车浮起,再由直线电动机驱动前进。

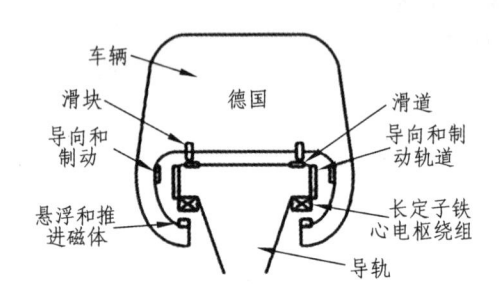

图 5.10 德国磁悬浮列车悬浮、驱动、导向机构

图 5.10 中轨道是一种 T 型台,列车两边下部要把 T 型轨道的两边包住,就是对置于导轨下方的悬浮电磁铁线圈提供电流产生电磁场,使之与轨道上的铁磁性导轨相互作用,利用它们之间的电磁吸力,使列车悬浮至一定的高度。但由于电磁吸引力与气隙大小近似成平方反比的非线性关系——气隙减小会使电磁吸力增大,导致气隙进一步减小,而气隙增大则使电磁吸力减小,导致气隙进一步增大。德国的 TR 型磁悬浮列车就是电磁吸力型悬浮的典型代表。相关技术特性见表 5.1。

表 5.1 常导电磁吸引式悬浮技术特性

名称	特 点
优点	技术简单
	时速 400~500 km
缺点	系统本质上是不稳定的,产生的电磁吸引力较小
	列车与轨道之间的缝隙一般为 8~10 mm
	必须通过精确快速的反馈控制,才能保证列车可靠稳定地悬浮

6. **超导推斥型悬浮原理** 超导推斥型磁悬浮列车是利用同性磁极之

间相互排斥的原理来实现车辆悬浮的。由于抵抗地球引力的根源在于感应电流的磁场与超导线圈的磁场相互排斥而产生排斥力，因而列车速度愈大这个排斥力就愈大，当速度超过一定值时，列车就脱离路轨表面实现悬浮。其原理是在磁悬浮列车的车体上安装超导线圈或永磁，而在轨道上分布有按一定规则排列的 8 字形线圈，当列车以一定速度前进时，超导线圈产生的强磁场就在轨道的 8 字形线圈内产生感应电流，感应电流进而产生强大电磁场，在 8 字形下半环中形成推斥磁场，上半环中形成吸引磁场，使列车悬浮。超导磁悬浮就不是列车包轨道了，而是轨道包列车，它是利用车载超导磁体在运动过程中与轨道的感应磁场产生相互排斥力，而悬浮于轨道上，列车在一个 U 型槽内运营。日本东海铁路公司创造的时速 603 km 的山梨线的 MLU 型车即为超导推斥型磁悬浮列车的代表，如图 5.11。相关技术特性见表 5.2。

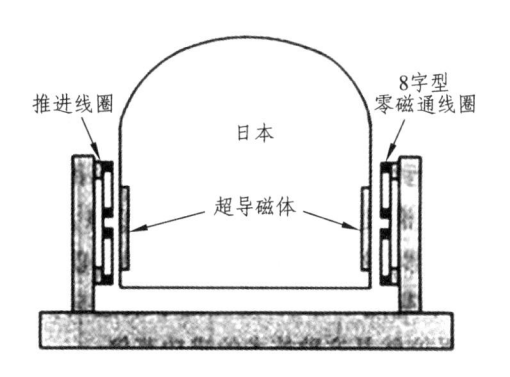

图 5.11 超导推斥型悬浮技术

表 5.2 超导推斥型悬浮技术特性

名称	特点
优点	悬浮力大，列车运行速度快，往往是高速磁悬浮列车
	实现时速 500 km 以上运行
	能够较好地适应多山地貌和地震频发的自然条件
缺点	悬浮间隙：100 mm 左右
	技术复杂，需要屏蔽发散的电磁场

高铁简史

7. 磁浮交通技术的原理与分类 磁浮交通，顾名思义，就是靠磁力使磁浮列车浮起来运行的交通方式。电磁悬浮就是对车载的、置于导轨下方的悬浮电磁铁通电励磁而产生电场，磁铁与轨道上的铁磁构件相互吸引，将列车向上吸起悬浮于轨道上，磁铁和铁磁轨道之间的悬浮间隙一般为 8～12 mm。列车通过控制悬浮磁铁的励磁电流来保证稳定的悬浮气隙，通过直线电机来牵引列车行走。电动悬浮就是当列车运动时，车载磁体的运动磁场在安装于线路上的悬浮线圈中产生感应电流，两者相互作用，产生一个向上的磁力将列车悬浮于路面一定高度（一般为 100～150 mm）。列车运行靠直线电机牵引。与电磁悬浮相比，电动式磁浮系统在静止时不能悬浮，必须达到一定速度后才能起浮，大约是达到 150 km/h 开始悬浮。图 5.12 所示为磁悬浮运行简图。

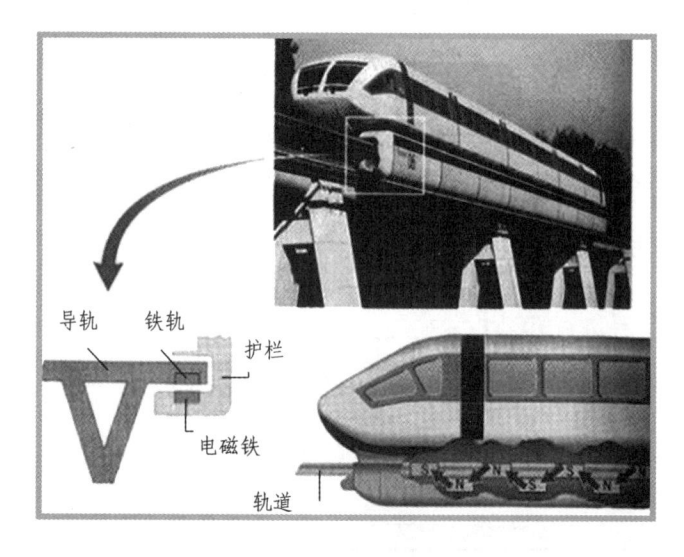

图 5.12 磁悬浮运行简图

磁浮列车的牵引电机都是直线电机。按电机形式一般可分为两种，即长定子直线同步电机和短定子直线感应电机。当采用长定子直线同步电机时，电机的定子沿整个线路铺设，电机的转子安装在车上，适合于较高速度的磁浮列车牵引，如磁浮上海示范线、德国的 TR 常导磁浮列车和日本的 MLX、LO 等系列超导磁浮列车。当采用短定子直线感应电机时，电机的定子安装在车上而转子在轨道上，适合于低速磁浮列车，如长沙磁浮线、北京磁浮线和日本爱知磁浮线。由此，又可将磁浮交通技术分为高速磁浮技术（最大运行速度大致为 400～500 km/h）、中低速磁浮技术（最大运行速度一般为 80～100 km/h）两种；其中，近年来在开发的速度 200 km/h 的磁浮称为中速磁浮技术。图 5.13 所示为德国 TR 常导高速磁浮系统结构与原理。

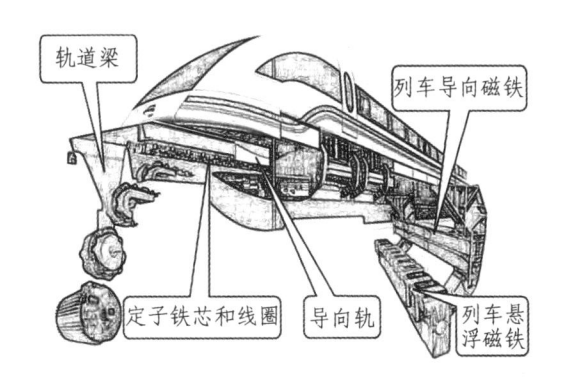

图 5.13 德国 TR 常导高速磁浮系统结构与原理

日本的超导磁浮列车利用安装在车辆上的低温（绝对温度 4.2 K）超导线圈，产生强磁场，被称为超导磁浮交通。除此之外，目前其他磁浮交通技术都采用普通导体通电励磁，产生电磁浮力和导向力，故称为常导磁浮交通。

5.2 磁浮交通的主要特性

作为公共交通方式的一种，磁浮交通系统的运行原理与铁路（包括高速铁路）、城市轨道交通相似，子系统构成也基本一致。简单地说，可以分为运行控制系统、车辆系统、牵引供电系统、线路轨道系统等四个子系统。除了非接触"悬浮"运行的特点，磁浮交通还是一个高度集成的自动控制系统。如图 5.14，以高速磁浮技术为例，其主要特性如下所述。

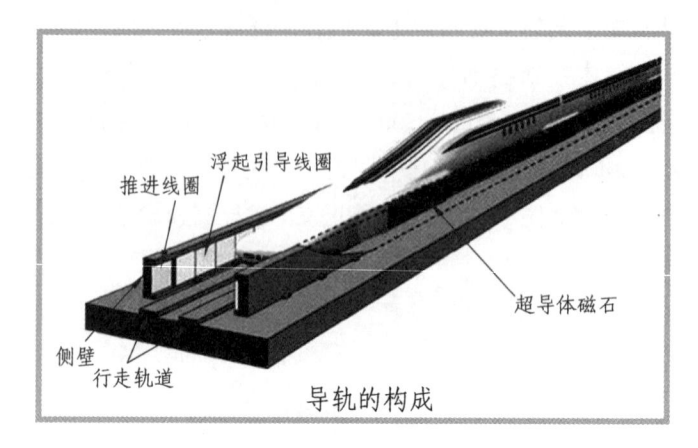

图 5.14 磁悬浮导轨的构成

1. 安全性　磁浮列车通过多项安全设计技术确保安全。列车运行的控制与安全防护技术，保证任何妨碍正常运行的故障均会导向安全停车；不会发生追尾和对撞；即使在极端故障情况下，也能保证悬浮和制动。

（1）不脱轨。系统构造为车辆环抱线路行驶，保证不会脱轨。

（2）防火性高。车辆按民航飞机的防火标准设计，且相邻车厢间隔离门的防火隔离时间大于 10 min。

（3）稳定性高。车辆采用防碰撞设计，保证在可能范围碰撞发生后，不危及列车的悬浮导向稳定性，同时列车碰撞部位的变形，不挤伤车内人员及乘客。

（4）防震性高。由于系统的加减速性能高，在接收到地震监测信号后，可用更短的制动时间保障列车停车。

2. 环保性　磁浮系统运行对环境造成的负担比其他可比较的交通系统更少。而且磁浮线路封闭面积小、表面积需求小、能耗比小，所以二氧化碳排放量及声响发射也有优越性。

（1）噪声小。同等速度下，磁浮列车噪声明显比其他陆上交通工具低。

（2）辐射适量。根据美国、中国权威机构在磁浮上海示范线进行的全面、综合测量，以及与电磁辐射国际标准、国家标准分析比较，结果表明：

高速磁浮交通系统对环境的电磁辐射与高速轮轨系统、地铁系统相当,均远低于现行标准限值,不会对社会公众和职业人员的健康产生不利影响。

(3)占地少。因具有相对较高的爬坡能力与较小的转弯半径,其线路对地形的适应性较强,可以沿即有交通走廊选线,从而少占用土地,不增加新的环境负担,减少噪声对大众和自然生态的影响。

3. 节能性　铁路是公认的节能交通系统,而高速磁浮交通系统更加节能,这主要源于:首先,磁浮列车的非接触运行方式;其次,磁浮系统采用分段供电技术;再次,磁浮列车设计大幅减少列车截面面积;最后,磁浮列车上的高强度轻质材料和车体结构形式采用类似飞机上的减轻自重措施等。德国莱茵州技术监督协会研究表明,在相同运行速度和座位宽敞程度情况下,磁浮列车比高速轮轨铁路ICE的单位运量节能20%~40%。同时,运行过程中的馈电能源能够回收利用;磁浮列车采用同步直线电机驱动方式,其供电效率也较高。

4. 可靠性　磁浮交通是一个高度自动化和信息化的主动控制系统。列车运行、控制和维护都实现了自动化;且以诊断技术为基础,实现了运营、维护及管理的完全信息化。由于系统技术的自动化和信息化特征,其运行可靠性相对更高。由于自身的技术特点,磁浮线路是通过在轨面设置横坡来平衡离心力,其区间最大横坡可≤12°(特殊情况下 α≤16°),线路转弯半径较小,具有较强的爬坡能力(纵向坡度≤10%)。这一特点使得磁浮交通线路具有非常好的适应性,可以更好地适应周边地形,选线受周边设施、地形条件的限制少得多。其他的如舒适度、国民经济效益等方面,磁浮交通系统也有一定的优势,上海示范线实测的舒适度结果达到了ISO舒适度标准的最高等级,等等。

5. 适用性　由于速度差异,高速磁浮和中低速磁浮交通技术的适用范围是不一样的。高速磁浮系统的旅行速度(即出行距离除以出行时间)可达300~450 km/h,可在中长距离实现3 h舒适旅行,与高速轮轨和民用航空互为补充、合理分工,在中长距离大城市之间实现快速联系,开行高密度、大编组点对点直达列车,再利用磁浮城际线、高速公路、铁路等对枢纽范围内的中小城市辐射、集疏旅客。在城市群内部,适合作为城市群内主要节点城市之间的通勤交通，以城市群内的特大型城市为核心，集聚和辐射周边中小城市，形成 0.5~1 h 的商务、公务、通勤、旅游为主要目标的旅行圈，在枢纽—车站、车站—车站间开行高密度、中小编组点对点列车。

5.3 磁悬浮列车的基本架构

利用同极相斥，异极相吸的电磁原理，让中低速磁浮列车靠电磁力吸起而浮于轨道上方。通电后电磁铁产生磁力吸引轨道，将列车向上吸，并使电磁吸引力与重力保持平衡，从而使列车悬浮于轨道上方。中低速磁浮额定悬浮间隙 8 mm，让乘客感受安稳的乘坐体验。当悬浮间隙小于额定值时，列车控制系统减小电磁力，列车向下降落，当降落到大于额定间隙时，控制系统又增加电磁力，将列车向上吸，这个控制过程每秒钟进行万余次，可使电磁力始终与重力保持动态平衡，列车稳定悬浮在距轨道 8 mm 的位置。中低速磁浮列车是由电磁力推动前进的。列车的直线电机通电后，会在列车和轨道之间形成行波磁场，如同波浪推动水面物体一样，推动磁浮列车沿轨道前进。

1. 磁悬浮列车系统　磁悬浮列车主要由悬浮系统、推进系统和导向系统等三大部分组成，尽管可以使用与磁力无关的推进系统，但在绝大部分设计中，这三部分的功能均由磁力来完成。悬浮系统的设计可以分为两个方向，分别是德国所采用的常导型和日本所采用的超导型。从悬浮技术上讲就是电磁悬浮系统（EMS）和电力悬浮系统（EDS）。

（1）电磁悬浮系统（EMS）。电磁悬浮系统（EMS）是一种吸力悬浮系统，是结合在机车上的电磁铁和导轨上的铁磁轨道相互排斥产生悬浮。常导磁悬浮列车工作时，首先调整车辆下部的悬浮和导向电磁铁的电磁排斥力，与地面轨道两侧的绕组发生磁铁反作用将列车浮起。在车辆下部的导向电磁铁与轨道磁铁的反作用下，使车轮与轨道保持一定的侧向距离，实现轮轨在水平方向和垂直方向的无接触支撑和无接触导向。

（2）电力悬浮系统（EDS）。电力悬浮系统（EDS）将磁铁使用在运动的机车上以在导轨上产生电流。由于机车和导轨的缝隙减少时电磁斥力会增大，从而产生的电磁斥力提供了稳定的机车的支撑和导向。EDS系统在低温超导技术下得到了更大的发展。

两种悬浮系统对比见表5.3。

表5.3 电磁悬浮系统和电力悬浮系统对比分析

名称	电磁悬浮系统（EMS）	电力悬浮系统（EDS）
悬浮状态	由于悬浮和导向实际上与列车运行速度无关，所以即使在停车状态下列车仍然可以进入悬浮状态	EDS在机车速度低于大约55 km/h无法保证悬浮
系统装置	车辆与行车轨道之间的悬浮间隙为10 mm，是通过一套高精度电子调整系统得以保证的	机车必须安装类似车轮一样的装置对机车在"起飞"和"着陆"时进行有效支撑

2. 超导磁悬浮列车系统　超导磁悬浮列车的最主要特征，就是其超导元件在相当低的温度下所具有的完全导电性和完全抗磁性。超导磁铁由超导材料制成的超导线圈构成，它不仅电流阻力为零，而且可以传导普通导线根本无法比拟的强大电流，这种特性使其能够制成体积小、功率强大的电磁铁。超导磁悬浮列车系统构成如图5.15。

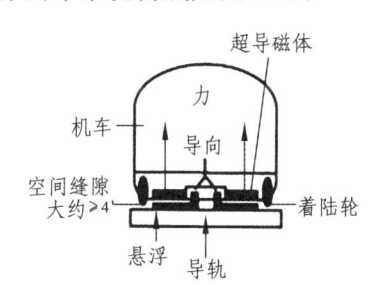

图5.15　超导磁悬浮列车系统构成

当向轨道两侧的驱动绕组提供与车辆速度频率相一致的三相交流电时，就会产生一个移动的电磁场，因而在列车导轨上产生磁波，这时列车上的车载超导磁体就会受到一个与移动磁场相同步的推力，正是这种推力推动列车前进。在地面导轨上安装有探测车辆位置的高精度仪器，根据探测仪传来的信息调整三相交流电的供流方式，精确地控制电磁波形以使列车能良好地运行。

（1）磁悬浮列车推进系统：磁悬浮列车的驱动运用同步直线电动机的原理。当作为定子的电枢线圈有电时，由于电磁感应而推动电机的转子转动。同样，当沿线布置的变电所向轨道内侧的驱动绕组提供三相调频调幅电力时，由于电磁感应作用承载系统连同列车一起就像电机的"转子"一样被推动做直线运动。从而在悬浮状态下，列车可以完全实现非接触的牵引和制动。

（2）磁悬浮列车导向系统：导向系统是一种侧向力来保证悬浮的机车能够沿着导轨的方向运动。必要的推力与悬浮力相类似，也可以分为引力和斥力。在机车底板上的同一块电磁铁可以同时为导向系统和悬浮系统提供动力，也可以采用独立的导向系统电磁铁。

3．磁悬浮系统的特点　以常导中低速磁浮系统为例，通过电磁力实现列车在轨道上的悬浮和导向，由直线电机牵引列车沿轨道无接触运行，利用电磁体"同性相斥，异性相吸"的原理，以电磁力克服重力，使车体悬浮在轨道上面，并由直线电机牵引驱动，贴轨飞行。它具有轮轨高铁没有的特殊优势。磁浮系统的特点见表5.4。

表5.4　磁浮系统的特点

序号	特　点	具体内容
1	安全度高	车辆悬浮并环抱着轨道运行，其结构形式决定了运营中不会发生脱轨和翻车事故
2	环境友好	低噪声，低辐射及零排放
3	经济性好	建设成本低、维修少，综合能耗低
4	适应性强	占地面积少、转弯半径小、爬坡能力强
5	乘坐平稳舒适	列车运行时处于悬浮状态，车身与轨道之间无接触，因此运行平稳，乘坐舒适
6	噪声低	由于没有轮轨之间的撞击和摩擦，磁悬浮列车运行时的噪声也是非常低的

5.4 磁悬浮列车的主要类型

磁悬浮列车是由无接触的电磁悬浮、导向和驱动系统等组成的新型交通工具,磁悬浮列车分为超导型和常导型两大类。简单地说,从内部技术而言,两者在系统上存在着是利用磁斥力还是利用磁吸力的区别。目前有三种典型的磁悬浮技术:

第一种是德国发明的电磁悬浮技术。如上海磁悬浮列车、长沙和北京在建的磁悬浮列车均应用此类技术。

第二种是日本发明的低温超导磁悬浮技术。如日本在建的中央新干线磁浮线。

第三种是高温超导磁悬浮。高温超导磁悬浮与低温超导磁悬浮的液氦冷却(零下 269 ℃)不同,高温超导磁悬浮采用液氮冷却(零下 196 ℃),工作温度得到了提高。目前高温超导磁悬浮技术尚不够成熟,在应用前还需要进行中试线研究。

因此,磁浮列车可分为三种:电磁悬浮、电动悬浮和高温超导悬浮。德国的电磁悬浮技术,从发明到实现商业化应用,用了 66 年。日本的低温超导磁悬浮用了 45 年,中国高温超导磁悬浮用了 30 年左右。3 种悬浮对比分析见表 5.5。

表 5.5 电磁悬浮及电动悬浮与高温超导悬浮对比分析

名称	电磁悬浮及电动悬浮	高温超导悬浮
应用	已经投入了或即将投入商业应用	实验阶段
速度	最高接近 600 km/h	理论速度超过 600 km/h
优缺点	安全度高、环境友好、经济性好、适应性强、乘坐平稳舒适、噪声低	操作简单、绿色环保,但成本更高

按照不同分类标准,磁悬浮列车可以分为不同的类型:

基于电磁铁种类的磁悬浮列车类型:根据磁悬浮列车所采用的电磁铁种类可以分为常导吸引型和超导排斥型两大类。具体见表 5.6。

表 5.6　基于电磁铁种类的磁悬浮列车类型

名称	磁悬浮列车常导吸引型	磁悬浮列车超导排斥型
原理	以常导磁铁和导轨作为导磁体	利用超导磁铁和低温技术，来实现列车与线路之间悬浮运行
悬浮间隙	10 mm 左右	100 mm 左右
速度	300～500 km/h	最高运行速度可以达到 1 000 km/h
适用性	适合于城际及市郊的交通运输	低速时并不悬浮，当速度达到 100 km/h 时才悬浮起来
成本	—	建造技术和成本要比常导吸引型磁悬浮列车高得多

基于悬浮技术的磁悬浮列车类型：磁悬浮列车按悬浮方式有电磁吸引式悬浮（Electromagnetic Suspension，EMS）和永磁力悬浮（Permanent Repulsive Suspension，PRS）及感应斥力悬浮（Electrodynamics Suspension，EDS）几种。见表 5.7。

表 5.7　基于悬浮技术的磁悬浮列车分类

序号	磁悬浮列车	原　理	特　点
1	EMS	利用导磁材料与电磁铁之间的吸引力	绝大部分悬浮采用此方式
2	PRS	利用永久磁铁同极间的斥力，一般产生斥力为 0.1 MPa	缺点为横向位移的不稳定因素
3	EDS	依靠励磁线圈和短路线圈的相对运动得到斥力	不适用于低速

5.5　磁浮高铁的发展历程

磁浮技术分为轨道、车辆、牵引、运行控制等四大系统，有 16 项核心技术。德国、日本、韩国与中国为世界上目前有磁浮列车试验或营运路线的国家。德国埃姆斯兰县：Transrapid 拥有 31.5 km 的轨道，定期运行的速度最高达 420 km/h。日本 JR 磁浮：日本研发的超导体磁浮列车由东海旅客铁道（JR 东海）和铁道总合技术研究所（JR 总研）主导。首列实验列车 JR-Maglev MLX01 从 1970 年代开始研发，并且在山梨县建造了五节车厢的实验车和轨道。在 2003 年 12 月 2 日最高速达到 581km/h。在 2015 年更创下了 603 km/h 的速度，创下有车厢车辆的陆地极速。相关运营里程和最高速度见表 5.8、5.9。

表 5.8 世界各国磁悬浮列车运营线路

序号	国家	线 路	运营里程/km	最高速度/（km/h）
1	日本	东部丘陵线	8.9	100
2	中国	上海磁浮示范运营线	30	430
3	韩国	仁川机场磁悬浮线	6.1	110
4	中国	长沙中低速磁浮线	18.55	100

对于客运来说，提高速度的主要目的在于缩短乘客的旅行时间，因此，运行速度的要求与旅行距离的长短紧密相关。各种交通工具根据其自身速度、安全、舒适与经济的特点，分别在不同的旅行距离中起骨干作用。对各种运输工具的总旅行时间和旅行距离的分析表明，按总旅行时间考虑，350 km/h 的高速轮轨与飞机相比在旅行距离小于 800 km/h 时才优越。而 500 km/h 的高速磁悬浮，则比飞机优越的旅行距离将达 1 000 km/h 以上。

表 5.9 磁悬浮列车最高运行速度历史

时间	国家	列车	速度/（km/h）
1971	德国	Prinzipfahrzeug	90
1971	德国	TR-02（TSST）	164
1972	日本	ML100	60（载人）
1973	德国	TR04	250（载人）
1974	德国	EET-01	230（无人）
1975	德国	Komet	401.3（由蒸汽火箭推进，无人）
1978	日本	HSST-01	307.8（由蒸汽火箭推进，无人）
1978	日本	HSST-02	110（载人）
1979	日本	ML-500R	504（无人），第一次突破 500

续表

时间	国家	列车	速度/(km/h)
1979	日本	ML-500R	517（无人）
1987	德国	TR-06	406（载人）
1987	日本	MLU001	400（载人）
1988	德国	TR-06	412.6（载人）
1989	德国	TR-07	436（载人）
1993	德国	TR-07	450（载人）
1994	日本	MLU002N	431（无人）
1997	日本	MLX01	531（载人）
1997	日本	MLX01	550（无人）
1999	日本	MLX01	548（无人）
1999	日本	MLX01	552（载人/5辆编组），吉尼斯世界纪录认可
2003	中国	Transrapid SMT	501.5
2003	日本	MLX01	581（载人/3辆编组），吉尼斯世界纪录认可
2015	日本	L0	590（载人/7辆编组）
2015	日本	L0	603（载白鼠/7辆编组）

5.5.1 磁悬浮列车的发展现状

世界上对磁悬浮列车进行过研究的国家主要有德国、日本、英国、加拿大、美国、苏联和中国。美国和苏联分别在20世纪70年代和80年代放弃了研究计划，但美国最近又开始了研究计划。英、德、日早期磁悬浮研究现状见表5.10。

表5.10 英、德、日早期磁悬浮研究现状

序号	名称	英国	德国	日本
1	开始时间	1973	1968	1962
2	技术方向	常导型	常导型	超导型
3	线路	伯明翰机场—火车站600 m，90 s，1984—1995	德国柏林，135 km/h，1989	宫崎试验线，204 km/h，1972 山梨县试验线，517 km/h，1979 山梨县试验线，550 km/h，1997，世界最高纪录

当时由于磁悬浮列车具有造价高、高耗电、辐射大、不可靠等特点，人们感觉前景不理想。因无轮轨接触，震动大，舒适性较不好，颠簸大对车辆和路轨的维修费用也要求极高。但磁悬浮列车在运行时不与轨道发生摩擦，发出的噪声较低。磁悬浮列车一般以 5 m 以上的高架通过平地或翻越山丘，从而不可避免开山挖沟对生态环境造成的破坏。磁悬浮列车在路轨上运行，按飞机的防火标准实行收费配置。图 5.16 为德国的电磁悬浮列车。

图 5.16 德国的电磁悬浮列车

回顾历史，第一条铁路出现在 1825 年，经过 160 年努力，其运营速度才突破 300 km/h，由 300 km/h 到 380 km/h 又花了近 30 年，虽然技术还在完善与发展，继续提高速度的余地很大。还应注意到，350 km/h 高速铁路的造价比 160 km/h 的高速铁路高近 2 倍，比 120 km/h 的普通铁路高 3 倍。

世界上第一个磁悬浮列车的小型模型是 1969 年在德国出现的，日本是 1972 年造出的。可仅仅十年后的 1979 年，磁悬浮列车技术就创造了 17 km/h 的速度纪录。技术还未成熟，可进入 300 km/h 实用运营的建造阶段。磁悬浮列车能耗研究与实际试验的结果，在同为 500 km/h 下，磁悬浮列车每座位公里的能耗仅为飞机的 1/3。据德国试验，当 TR 磁悬浮列车速度达到 400 km/h 时，其每座位公里能耗与速度 350 km/h 的高速轮轨列车持平；当磁悬浮列车速度也降到 300 km/h 时，它的每座位公里能耗可比轮轨铁路低 3.3%，可是造价要高得多。

高铁简史

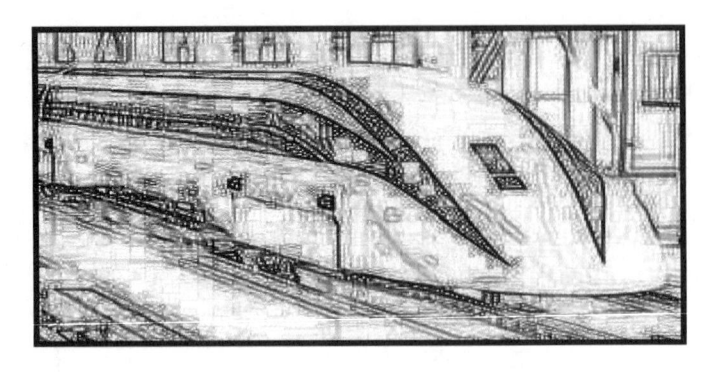

图 5.17　日本的超导磁悬浮列车

5.5.2　各国磁浮高铁的发展历程

高速磁悬浮在全球的推广之路异常坎坷，但中低速磁悬浮线路却另辟蹊径，在不同国家得到大力发展，如德国、日本、韩国和中国等国家。

1. 德国磁悬浮列车的发展历程　德国于 1970 年左右开始研发磁浮运输系统，其主要发展方向有两个：市内交通系统（运城 Transurban）和城际高速系统（运捷 Transrapid）。德国研发了 M-Bahn 系统，并在两条较短的线路上成功运营：一条在柏林，另一条在英国伯明翰机场。后来它们都因为技术之外的原因而被拆除。如图 5.18 所示。

图 5.18　德国运营磁悬浮系统

114

德国试图在一系列新的城际线路上推广它，其中最大的一项计划是修建柏林—汉堡新线，其线路走向和车站位置都经过了详细的比选。2000年7月，该磁浮项目最终被放弃，柏林—汉堡的新线最终采用高速铁路技术。当然，磁浮的支持者们还在向联邦财政申请拨款61亿马克（30亿美元），用以在其他地方修建磁浮线路，以此来证明磁浮系统的作用，最终有两条线路被确定下来：一条位于慕尼黑，从城中心火车站到新近开张的机场，总共37 km长；另一条是从杜塞尔多夫到多特蒙得的"都市快速线路"，总共78 km长，用来服务鲁尔区的城市。

2. 日本磁悬浮列车的发展历程　日本对磁浮的研发始于1962年，但是他们在高速磁浮上的主要进展则是在20世纪70年代取得的。他们的技术和德国的有所不同：日本模式利用了超导，车辆与导轨是基于排斥式磁浮设计的，而德国的技术则是吸引式磁浮。排斥式磁浮技术在低速时无能为力，所以列车必须使用橡胶轮胎加速到100 km/h以上的速度后，车体才会浮起来。这种双重悬浮使得车辆更加复杂，但高速测试证明了这种技术的可行性。实际上，日本的MLX01磁浮系统保持着551 km/h的最高试验速度世界纪录，两车交会时的相对速度达到了603 km/h！

为了2027年东京到名古屋间的磁悬浮中央新干线路段的运行，2015年4月21日，日本JR东海公司在山梨县的磁悬浮列车试验区进行实验。新型的"L0型"列车由7节车厢编成，在全长42.8 km的试验线上，在有人行驶中跑出了603 km/h的世界最高速度，列车以这一速度行驶了10.8 s。日本政府已经正式通过了这项耗资5.5万亿日元（约合3 150亿元人民币）的建设计划，预计整个工程会在2027年结束，并在2045年延伸到大阪。新线路正式被命名为JR Tokai（JR东海），远景计划以500 km/h的速度运营，此次活动能进一步收集相关数据，更好地完善相关技术。图5.19所示为日本磁悬浮系统。

高铁简史

图 5.19 日本磁悬浮系统

日本磁悬浮列车 Linimo 是磁悬浮式的线性发动机牵引列车（linear motor car），由 3 节车厢组成，乘车定员 244 人，总长为 8.9 km，共设 9 个站，列车最大速度为 100 km/h，所需时间约为 15 s，每天能运送 30 000 名乘客。磁悬浮列车的运营在日本尚属首次实施，它不仅是日本国内首条正式投入商业运营的磁浮电车线路，也是世界中低速磁浮列车按城市轨道交通商业化运营的第一例。如图 5.20 所示。表 5.11 为日本名古屋东部丘陵线特征表。

图 5.20 日本磁悬浮列车 Linimo

表5.11 日本名古屋东部丘陵线特征表

线路名称	名古屋东部丘陵线 TKL（Tobu Kyuryo Line）
线路由来	正式的磁悬浮商业化线路，是日本快速列车运输系统 HSST 规划之一。该线系结合名古屋国际博览会修建
起终点	名古屋地铁的藤丘站至爱知环形铁路的八草站
线路特点	复线，其中有60%的坡道
基本车型	HSST-IOOL 型车
投入运营时间	于2005年3月6日该线提前3年实现商业运营
造价	平均1 km就要花费103亿日元，不过相较于邻近的名古屋地铁，还便宜了1/3
优点	因其是无人驾驶，同时因车辆与轨道互不接触，所以几乎无需维修和保养，其运行成本可以控制在较低的水平

3. 中国磁悬浮列车的发展史　世界第一条磁悬浮列车示范运营线——上海磁悬浮列车从浦东龙阳路站到浦东国际机场。2003年1月4日正式开始商业运营，是世界第一条商业运营的磁悬浮专线。上海磁悬浮列车是"常导磁吸型"（简称"常导型"）磁悬浮列车，是利用"异性相吸"原理设计，是一种吸力悬浮系统，利用安装在列车两侧转向架上的悬浮电磁铁，和铺设在轨道上的磁铁，在磁场作用下产生的排斥力使车辆浮起来（利用同名磁极相互排斥）。如图5.21所示。

图5.21　上海磁悬浮系统

（1）上海磁悬浮列车。上海磁悬浮列车时速 430 km，一个供电区内只能允许一辆列车运行，轨道两侧 25 m 处有隔离网，上下两侧也有防护设备。由德国 Transrapid 公司于 2001 年在上海浦东国际机场至地铁龙阳路站建设，该线全长 30 km，无中间车站，列车最高时速达 430 km，平均运行时速 380 km，转弯处半径达 8 000 m，由起点至终点站只需 8 min。

（2）长沙磁悬浮列车。2014 年 5 月 16 日，国内首条具有自主知识产权的中低速磁浮交通线路——长沙磁浮工程正式开工。2016 年 5 月 6 日，长沙磁浮快线开通试运营。该线路也是世界上最长的中低速磁浮运营线。相较从德国引进、飞驰在世界首条商营磁浮专线的上海高速磁浮列车，长沙中低速磁浮列车具有安全、噪声小、转弯半径小、爬坡能力强等特点，多项成果达到国际领先水平。如图 5.22 所示。

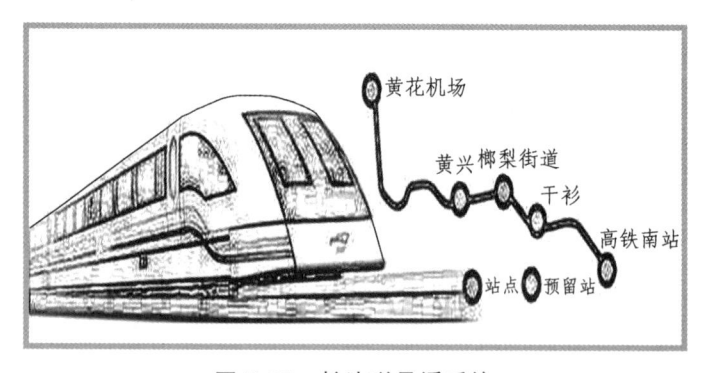

图 5.22　长沙磁悬浮系统

长沙中低速磁浮工程连接高铁长沙南站和长沙黄花国际机场，线路全长 18.55 km，初期设车站 3 座，预留车站 2 座，设计速度为 100 km/h。线路自长沙火车南站东广场北侧引出至劳动路，跨过浏阳河直至黄兴大道，再向北沿至机场高速南侧，向东至收费站后，北上跨机场高速后垂直接入 T1、T2 航站楼间连廊。

4. 韩国磁悬浮列车　韩国磁悬浮列车最高时速 110 km。2014 年 5 月 15 日，韩国首列自主研发的商用磁悬浮列车投入试运营，该列车完全为无人驾驶，最高时速可达 110 km，由仁川国际机场出发，行至仁川龙游站，全长 6.1 km，未来线路还有望进一步拓展。如图 5.23 所示。

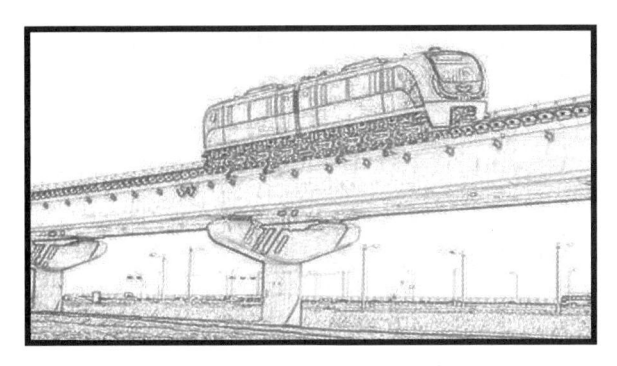

图 5.23 韩国磁悬浮系统

与传统轻轨列车相比,韩国磁悬浮列车运行时不会产生轨道摩擦力,因此具有低噪声、低振动等优点。此外,由于磁悬浮列车的转向架包裹住了轨道,也降低了列车脱轨和倾覆的风险。

5.6 轮轨高铁和磁浮高铁差异性

磁浮系统能够比轮轨高铁达到更高的速度,并能降低能量消耗以及减少运用周期的成本,能够吸引更多的旅客,同时具有低噪声和低震动的特点。德国的磁浮技术和轮轨高铁作了一个系统的对比。具体分析见表 5.12、5.13。

表 5.12 轮轨高铁和磁浮高铁对比分析(一)

名　　称	轮轨高铁	磁浮高铁
速　　度	近来发展很快,跟磁浮相比,二者在车站之间的运行时间差会变小	有一定优势
既有线兼容	优势巨大	差
成　　本	投资成本比较低	建设成本高,运营成本未知
能源消耗	低	高
其　　他	比如乘坐舒适度、运行图、爬坡能力、噪声等,并非关键的因素	

表 5.13 轮轨高铁和磁浮高铁的对比分析（二）

对比因素	系统特点	磁浮高铁	轮轨高铁
旅行时间	最高速度	420~450 km/h（261~280 m/h）	300~360 km/h（186~217 m/h）
	加速度	更高、范围更大	—
兼容性	网络互联	无/单线	好/大量网络
	既有设施利用	高架新线，需要修建车站和隧道	新线与既有线和车站混合使用
成本	投资成本	$12~55 M/km（$19~88 M/m）	$6~25 M/km（$10~40 M/m）
	运营及维护成本	不确定	已知
	能源消耗	比高速铁路高	—
其他因素	乘坐舒适度	—	很好
	系统运行图/对旅客的吸引力	优秀/特别是在初期因为创新而对旅客的吸引	优秀/高度的网络普及率
	对周围环境的影响	低噪声和振动	线路多数时间在同一平面上

（1）时间成本。将磁浮的最大试验速度和轮轨高铁的运营速度作的对比，磁浮能够比轮轨高铁达到更高的运营速度。磁浮和轮轨高铁的最大速度差别在近些年减少了许多。二者的最高试验速度处于同一级别：日本磁浮是 603 km/h，法国 TGV 是 574.8 km/h，德国"运捷"磁浮是 450 km/h。

轮轨高铁列车和磁浮的初期加速度也是能够比较的，因为加速度的大小受限于旅客的舒适程度。磁浮车在高速区段比轮轨高铁列车加速度更大，因此在较长站距的运行中具有优势。不过，在大多数情况下，加速时间在旅行时间减少中所占的比重很小。

因此，虽然磁浮车在最高速度和高速区段的加速度上面仍然有优势，但这些优势在通常的站距情况下就会变得很小。即使在 100 km 的距离上，差别也只有 1 min 左右。

图 5.24 为世界各国磁浮列车试验速度。

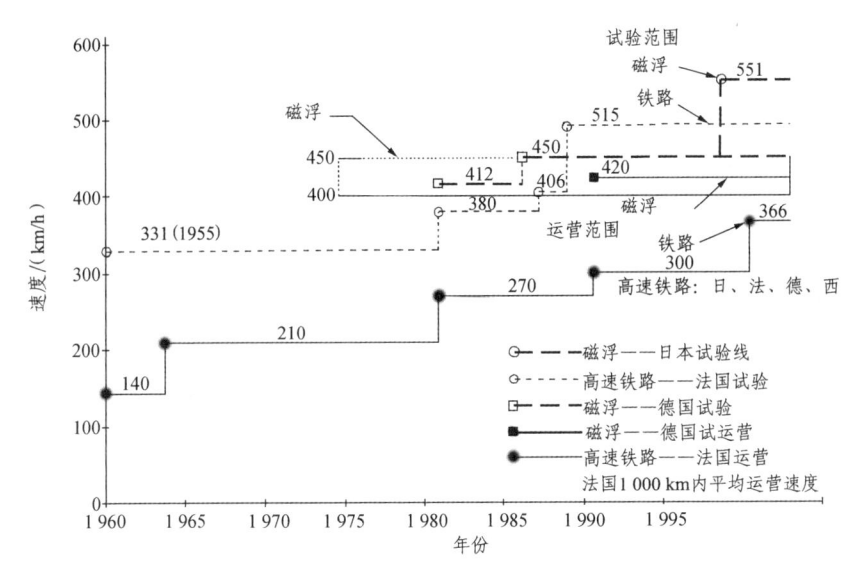

图 5.24 世界各国磁浮列车试验速度

（2）经济成本。导轨和车站的建设成本很多依赖于建设规模，主要是轨道的等级，高架线路或隧道的规模。磁浮线路需要与既有线路完全分离，这就在线路终端区域带来了很高的投资，特别是在地下。由于磁浮线路具有很大的横截面积，因此对于任何情况来说，轮轨高铁可以在小范围内利用既有线路。因此，在同一个地方轮轨高铁显然优于磁浮，但磁浮的维护费用较少。磁浮最大的优点就是它与导轨没有物理接触，但是任何精密的设备都需要非常高昂的维护成本，特别是导轨和列车上那些十分复杂的电子设备。

（3）能量消耗。磁浮没有轮轨列车的车轮阻力，但是它悬浮起来需要持续消耗能量，有可能比轮轨滚动阻力消耗的能量还要大。磁浮使用的直线电机比旋转电机消耗更多的能量：比方说温哥华的 Skytrain 和多伦多的 Scarborough 都是使用直线电机牵引车辆，其车辆的能耗比采用普通旋转电机驱动的类似车辆多 20%~30%（这两条线路都是使用轮轨车辆，所以就没有悬浮消耗的能量）。总之，轮轨高铁比磁浮在相同情况下消耗更少的能量。高速磁浮交通单位人公里能耗大约是飞机的 1/5、汽车的 1/2，相同速度下的能耗比高速轮轨更低，具有显著的低能耗、低排放优势。

（4）环境影响。磁浮由于与轨道没有物理接触，故它比轮轨高铁具有更小的噪声和震动；轮轨高铁在利用城区内既有铁路枢纽方面具有优势；在人口密集地区二者都需要修建隧道。

磁浮高铁相对于轮轨高铁的优势其实很小，远远少于轮轨高铁相对磁浮的优势——特别是在系统网络化、兼容性和投资成本等方面。但是磁浮高铁作为具有自成体系能力的新型高速轨道方式，能够填补航空与高速轮轨之间的速度空白，特别是磁浮高铁能够优化运输方式技术经济结构，丰富综合运输体系的内涵。

5.7 小　结

高速磁浮交通的速度介于高速轮轨与民航之间，既具有自身的目标服务客户群，又可以吸引民航和高速轮轨的目标客户并与之互补，满足综合运输体系不断增长的快速、高效的交通需求，增加了高速客运方式的选择性和替代性，能够引导实现快速交通普及化，从而优化综合运输整体需求结构。

在各种高速客运方式中，从低到高依次形成高速公路、快速铁路、高速铁路、高速磁浮、民航飞机等交通方式这样一个完整的速度序列，适应不同层次、不同旅客多样化的运输服务需求，提高综合交通运输体系的配置效率和能力。身处高铁时代，为何还要研发高速磁浮项目？主要为"后高铁时代"做一些技术储备，并且为国民经济及群众生活水平的提高做更多的安排。磁浮高铁不仅速度快，安全性也高，甚至超越轮轨高铁。轮轨高铁有一定的物理局限，比较适合速度400 km/h以下，比较经济实用，但要超越400 km/h就需要磁浮高铁了。要进一步提升高铁舒适度，运营速度达到世界第一，从目前的认知来看，非磁浮莫属。磁浮列车很轻，能够提供更大的牵引功率，也无震动。所以，我们也要研发磁浮高铁，抢占先机。

第 6 章　第三类高铁：超级高铁

1776 年，如果没有瓦特的"异想天开"，就没有蒸汽机；1879 年，如果没有爱迪生的"天方夜谭"，就没有发电机；1886 年，如果没有卡尔·本茨的"荒诞无稽"，就没有火车；1903 年，如果没有莱特兄弟的"痴人说梦"，就没有飞机；2013 年，如果没有埃隆·马斯克（Elon Musk）的"天真梦想"，就没有超级高铁？

目前，人类采用的高速远程客运工具以飞机为主，民航客机的运营速度约为 1 000 km/h。对于 5 000 km 以上的远程旅行来说，乘飞机旅行耗费的时间、经济成本惊人，并且造成了严重的环境污染。特别是连续不断的空难事件，更让人们意识到了民航系统的缺陷。然而，一种最低速度 1 000 km/h、能耗不到民航客机 1/10、噪声和废气污染及事故率接近于零的新型交通工具——超级高铁（真空管道磁悬浮列车）已呼之欲出。图 6.1 为超级列车架构。

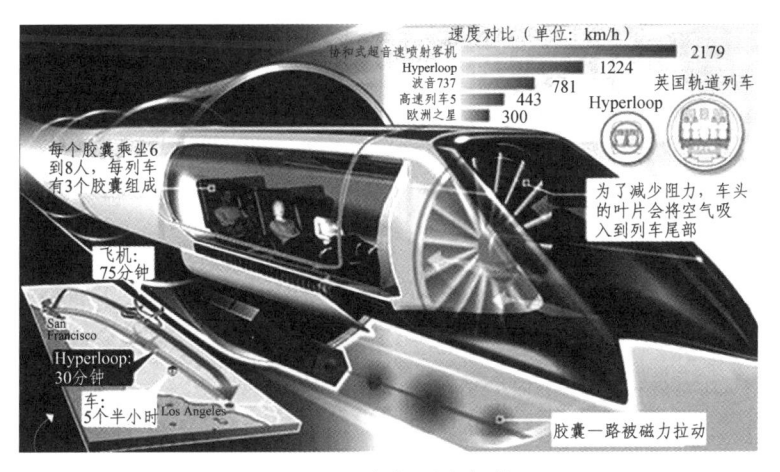

图 6.1　超级列车架构

高铁简史

在高速行进过程中,高铁阻力主要来源于两方面:一方面,是空气阻力;另一方面,是轮对的摩擦力。在磁浮环境下,高速列车悬浮在地面上,就可以克服轮对摩擦阻力,因此高铁的动力主要用于克服强大的空气阻力。由空气动力学理论,空气阻力与速度平方成正比,所以输入动力与速度的三次方成正比。为了解决空气阻力,学者想到了真空管道。在真空环境下,没有空气了,所以空气阻力也就不存在了,超级高铁就可以任性运行了。如图 6.2 所示。

图 6.2 超级高铁

现代交通的几种方式(轮船、火车、汽车以及飞机等),给人类带来了进步和繁荣,但同时也带来了污染、交通堵塞和死亡等问题。而超级高铁这种被马斯克称为"第五种交通方式"的工具,与飞机速度一样快,但比乘火车便宜,可以在任何天气状况下持续运营,还不会排放任何碳物质。而且超级高铁将一座座城市变成地铁站点,地理意义上的边界将就此消失,形成了高铁环境下的地球村。

由于"超级高铁"这一概念尚未普及,人们大都惊叹于其理论设计速度,但并没有较好的渠道了解超级高铁的各技术细节。也由于缺少对超级高铁的科学认识,社会上也出现了许多质疑的声音。因此,本章在对超级高铁进行界定的基础上,分析超级高铁的运营原理、基本架构、属性特征,剖析超级高铁存在的主要问题,探讨超级高铁的可行性。

图 6.3 为超级高铁站台设想图。

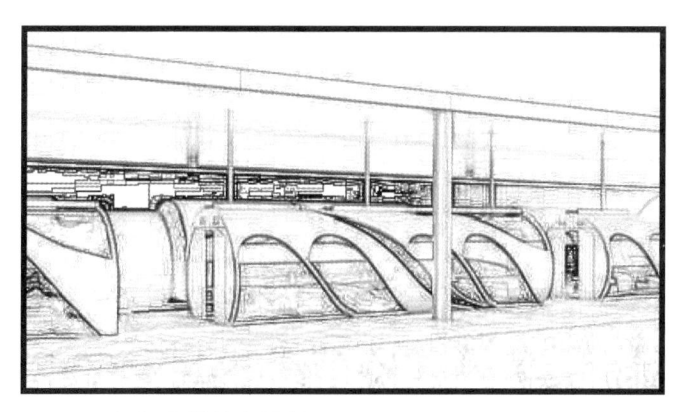

图 6.3　超级高铁站台设想图

6.1　超级高铁的基本原理

　　超级高铁是一种以"真空管道运输"为理论而设计的交通工具，具有超高速、高安全、低能耗、噪声小、无震动、无污染等特点。而且超级高铁有可能是继汽车、轮船、火车和飞机之后的新一代交通运输工具。在未来石油短缺的前提下，真空管道运输将能提供一种大众化的地面超高速交通工具，以弥补飞机之不足。因此，真空管道磁悬浮技术的意义，类似于当初蒸汽机取代马力，将带来划时代的变革。民航、铁路运输将被大面积取代，人类将进入更清洁、高效的旅行时代。图 6.4 为超级高铁设想图。

图 6.4　超级高铁设想图

高铁简史

1. 真空管道运输技术的原理　真空管道运输技术的原理就是在地面或地下建一个密闭的管道，用真空泵抽成真空或部分真空。在这样的环境中开行车辆，行车阻力就会大大减小，可有效降低能耗，同时气动噪声也可大大降低，符合环保要求。真空管道磁悬浮星际列车（简称真空磁悬浮列车），是还未建设出来的一种火车，为世界上最快的交通工具。图 6.5 为超级高铁框架图。

真空磁悬浮列车
列车在真空环境下运行，而车厢内并非真空，乘客不会有眩晕感。

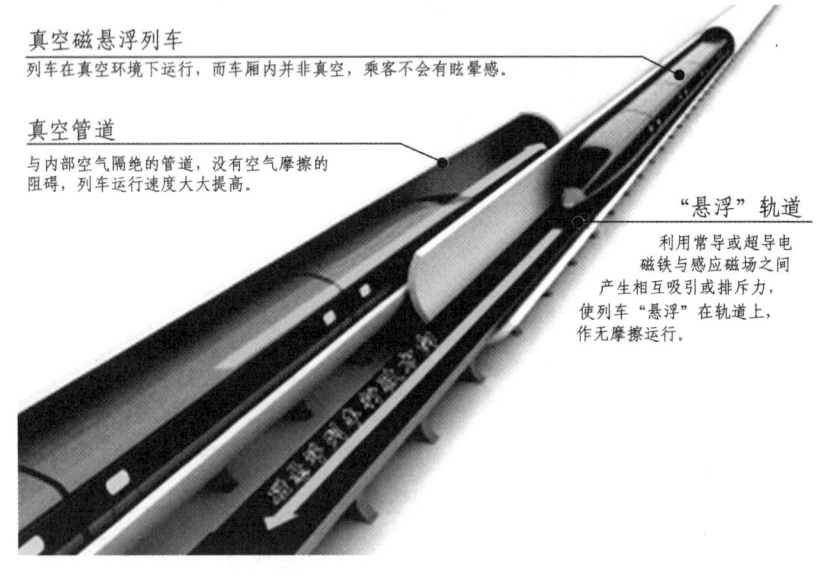

真空管道
与内部空气隔绝的管道，没有空气摩擦的阻碍，列车运行速度大大提高。

"悬浮"轨道
利用常导或超导电磁铁与感应磁场之间产生相互吸引或排斥力，使列车"悬浮"在轨道上，作无摩擦运行。

图 6.5　超级高铁框架图

2. 真空管道运输技术的特性　真空磁悬浮列车在密闭的真空管道内行驶，不受空气阻力、摩擦及天气影响，且客运专线铁路造价比普通铁路还要低，其速度可达到 1 000 ~ 20 000 km/h，超过了飞机的数倍，耗能也比飞机低很多倍。这种交通工具可能成为 21 世纪人类最快的交通工具。图 6.6 所示为超级高铁站点图。

（1）造价低：真空管道运输的造价将很便宜，只有高速公路的 1/4，高铁的 1/2。

（2）环保高：真空管道运输的供能可以由太阳能完全供给，没有环境污染。

图 6.6　超级高铁站点图

（3）超高速：超级高铁至少可以达到 1 000 km/h，远远大于轮轨高铁 400 km/h 的"警戒线"，远超于其他交通方式。

（4）节能好：排除了空气阻力的影响，使其能源消耗远低于飞机、轮轨高铁、磁浮高铁及汽车等交通方式。

（5）安全高：在真空管道内行驶不受外界环境的影响，在管道破裂有空气进入时也只影响运行的速度，可以保障乘客的绝对安全。

（6）低噪声：在真空管道内行驶，也没有空气作为导体，运行过程中不会产生高分贝的噪声。

6.2　超级高铁的发展历程

想要在获得超高速的情况下保证舒适性和能耗经济性，那么最好的办法就是让列车在近乎真空的环境中运行——真空管磁悬浮列车的想法由此诞生。超级高铁是由特斯拉首席执行官埃隆·马斯克（Elon Musk）于 2013 年首先提出的，从理论上说，列车行驶时悬浮在轨道上方，从而达到超快速度，最高速度设计为 750 英里/时（约合 1 200 km/h，音速）。为开发超级高铁技术，埃隆·马斯克（Elon Musk）提出了"Hyperloop 超级高铁"的创意构想，它的速度会比子弹头列车快 34 倍，也可以达到 2 倍于飞机的速度。同时，它将能够自己补充能量，在系统中装上太阳能电板后，获得的能量将超过整个系统消耗的能量。并且，该系统还有存储能量的设施，在不使用电池板的情况下，能够行驶1周时间。按照预想，该运输系统包括低压钢管和铝制胶囊式车身，舱体内部由气体提供保护，最高运行速度将超过每小时745英里（1 200 km/h）。图6.7所示为Argo Design公司的超级高铁设计。

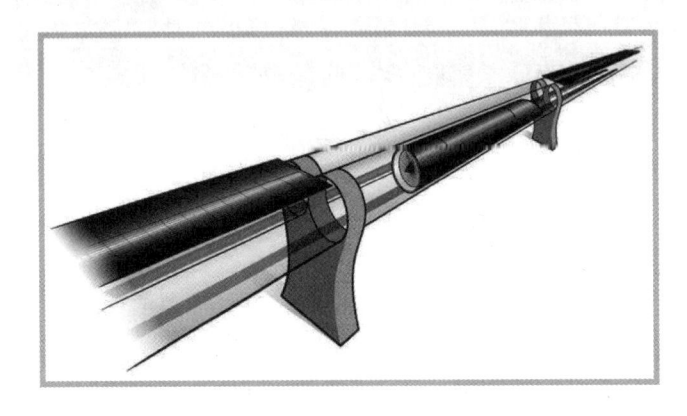

图6.7 Argo Design公司的超级高铁设计

（1）Hyperloop的超级列车。将在地面上搭建作用类似铁路轨道的固定真空管道，在管道中安置"胶囊"座舱。据研发团队介绍，"胶囊"座舱形状近似太空舱，单体质量183 kg，比一辆汽车还轻，长约4.87 m，能容纳4~6名乘客，或367 kg货物。

（2）Hyperloop的运行方式。"胶囊"列车"漂浮"在处于真空的管道中由弹射装置像发射炮弹一样启动座舱，无间断地驶往目的地。由于运行空间真空，没有摩擦力，"胶囊"车厢运行速度最高可能达到6 500 km/h。这样算下来，从美国纽约到洛杉矶只要5 min，纽约到北京只需2 h，环球旅行只需要6 h。

6.3 超级高铁的架构设计

超级高铁的设计理念提出已有多年，在数十年前就有人提出了真空管

第6章 第三类高铁：超级高铁

道内运输的构想，但由于技术条件的限制，一直没有得以实现。近年来，超级高铁的概念再次提出，是技术进步的一种体现，是对交通工具要求的进一步提升，代表了对"更快"的追求。超级高铁的列车和线路的设计理念提出代表着人们在超级高铁的商业化运营道路上更进一步的努力。如图6.8。

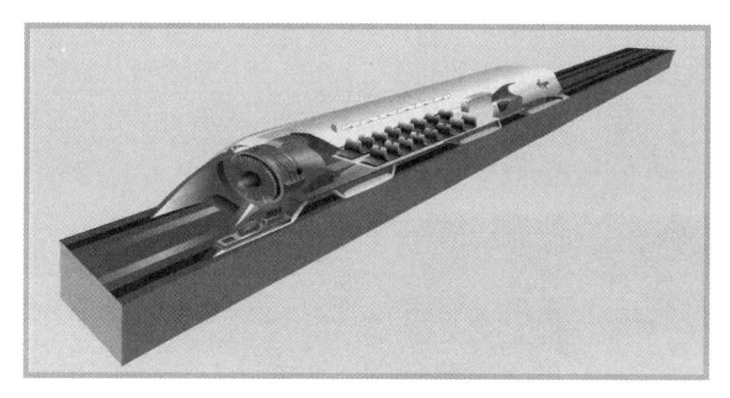

图 6.8 超级高铁设计图

（1）增压解决运行问题。座舱也叫超级列车。假设超级列车发车间隔为 2 min，高峰期最快可以 30 s 一班。为了满足高峰时段每小时 840 人的运载负荷，一个超级列车需要至少安排 28 个座位。目前在高峰时段可能需要配置 40 个座舱，同一时间有 6 个在终点站供乘客上下车。超级列车会有紧急刹车装置和发动机驱动的车轮，一旦出现大规模超级列车减压，其他超级列车就会自动紧急刹车，同时整个真空管道会迅速开始再增压。之后超级列车会用发动机驱动车轮运行到安全地带。所有的超级列车都会装备储备空气，保证最坏情况下的乘客安全。如图 6.9。

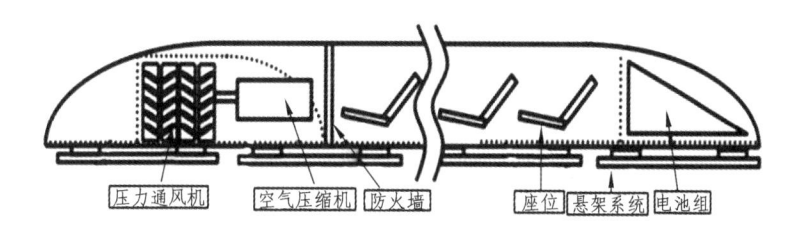

图 6.9 超级高速列车结构图

高铁简史

（2）气垫解决悬浮问题。目前解决轮对摩擦的方法是磁悬浮，然后磁悬浮成本实在太高，世界上商用磁悬浮线路寥寥无几。车辆头部安装有发动机和风扇叶片，中部是座舱，尾部是蓄电池。通过在列车头部安装一个压缩风扇，吸进空气，然后从列车底部排出，形成几毫米厚的气垫使列车悬浮。列车前进的动力是由头部压缩风扇产生。座舱前部设有电动涡轮压缩机风扇，可将前部所受的高压空气送入滑板和客舱，减缓整个车辆前部所受空气阻力的同时，滑板中的磁体和电磁脉冲可让座舱获得最初的推动力。图 6.10 所示为超级高铁运营图。

图 6.10　超级高铁运营图

（3）管道解决空气阻力问题。为实现良好的能源经济，管道尺寸经过精确的优化，抽真空解决空气阻力问题。类似于飞机爬升到高空飞行以降低空气阻力，但是真空成本很高，同时想要维持真空也很困难，因为随时可能发生漏气。通过将管道抽真空到 10 Pa 左右，降低管道内空气压力的方式降低空气密度以减少摩擦消耗，其压力只有火星大气压的 1/6，也相当于飞机在 15 万英尺高空飞行时的气压。

图 6.11 所示乘客密封舱，每节流线型密封舱可容纳 28 名乘客，每个几分钟即可发出一节密封舱。两名乘客一排，行李集中放在密封舱前部或尾部。整套系统在不断加速时，乘客承受的加重力低于 0.5g（地心引力的一半）。

·第6章 第三类高铁：超级高铁·

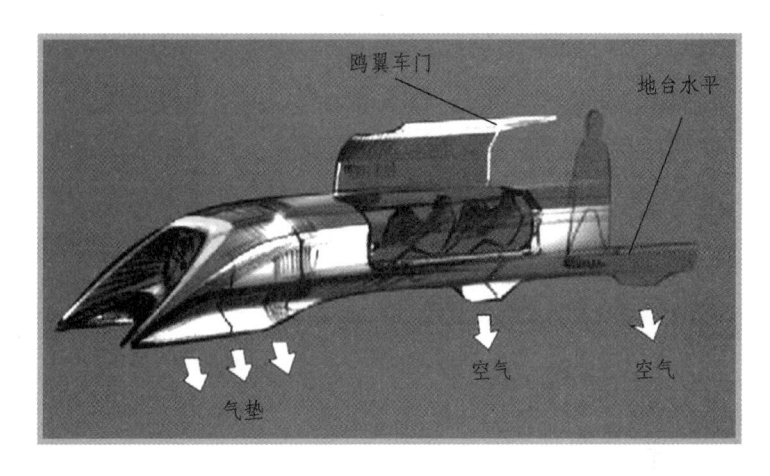

图 6.11 乘客密封舱设计原理图

6.3.1 超级列车的设计理念

超级列车的车厢外形和内饰将与平时乘坐的轨道列车类似，但体积将比普通列车、高速列车小，甚至比现代的地铁列车都略微小一点。对于列车运行的真空管道来说，专家更倾向于内层用钢管，外层用钢筋加混凝土的结构建设，这也主要是为了减少钢管用量，节约成本。因为是真空的管道，根据设计，所有管道的入口和出口都会有两道门。运行时，工作人员首先打开外层门，列车将从车站进入管道两门之间的夹层，外层门关闭后，真空泵开始抽走空气。此时，工作人员再打开里层的门，列车就会进入真空管道，开始加速、运行。而出管道时，则是相反的顺序，先是里层门打开，列车出来后，里层门关闭，外层门再打开。这个过程也参照了航天员在太空进出太空舱的操作模式。

真空磁悬浮列车行驶时应当比飞机更加平稳。虽然是在真空环境下运行的，但车厢内绝对不会是真空环境，全密封的车厢内会模仿日常的列车环境，让乘客感到舒适。

超级高铁客舱如图 6.12、6.13 所示。

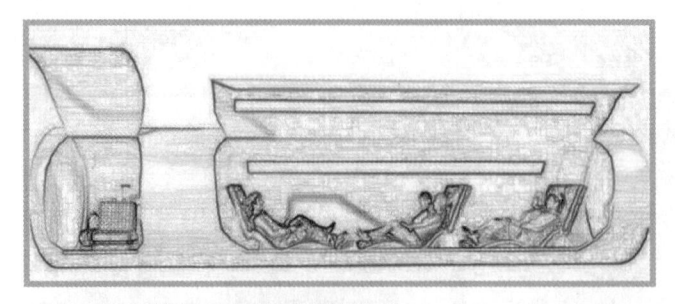

图6.12 超级高铁客舱设想图

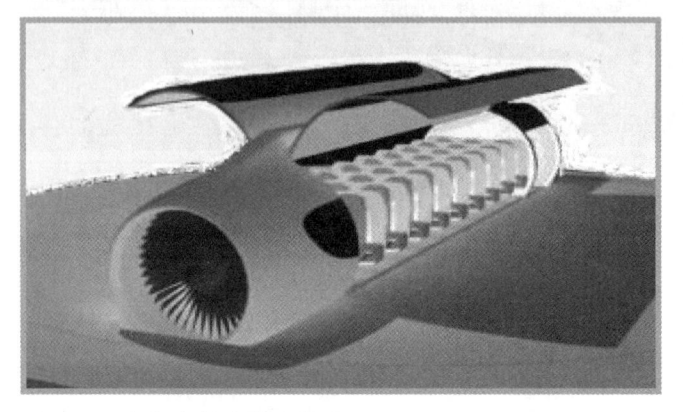

图6.13 超级高铁客舱立体图

6.3.2 超级线路的设计理念

超级线路由管道构成。在管道口要设立泵站，真空管道内大概每隔2 km或3 km也要设一个泵站，用真空泵抽取管道内的空气。根据设计标准，管道内甚至要达到0.001个大气压，即千分之一的大气压，这样的气压范围也是列车高速运行的基本保障。管道与管道之间的接头处，必须密封严实。另外，管道沿线有许多抽气泵站，还要为维修、检查以及紧急情况预留能打开的开口，在真空管道运输系统正常工作时，这些开口都密闭，必须保证不漏气。在沿线各车站车辆进出主管道的空气锁部位，系统连续运行时少量漏气不可避免，但闭合时的密封一定要可靠，达到相应的密封要求。管道中是真空状态，而在其中运行的磁浮车辆中必须是适宜人乘坐的大气环境，因此车辆必须具有良好的密封条件。

管道由钢铁构成，每 30 m 由一个支架支撑，结构非常牢固，能够有一定抗震作用。同时管道表面覆盖太阳能电池板用来给整个系统供电。整个超级列车系统工作时的功率有 21 MW，而表面覆盖的太阳能电池板可以提供 57 MW 的电能，完全够用。为了避免高速转弯带来的不适感，路线选择上还是要尽量保持直线。如图 6.14、6.15 所示。

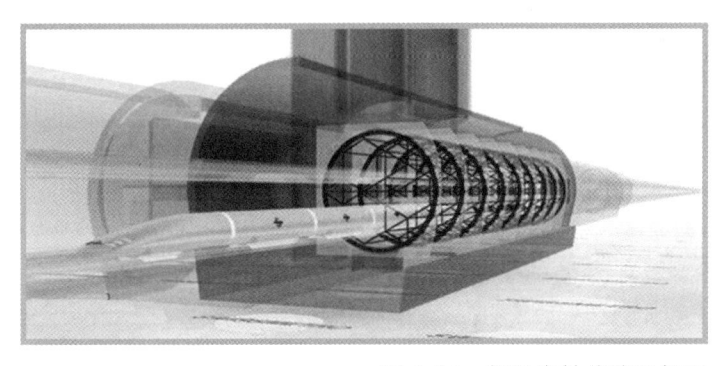

图 6.14　超级高铁线路设想图

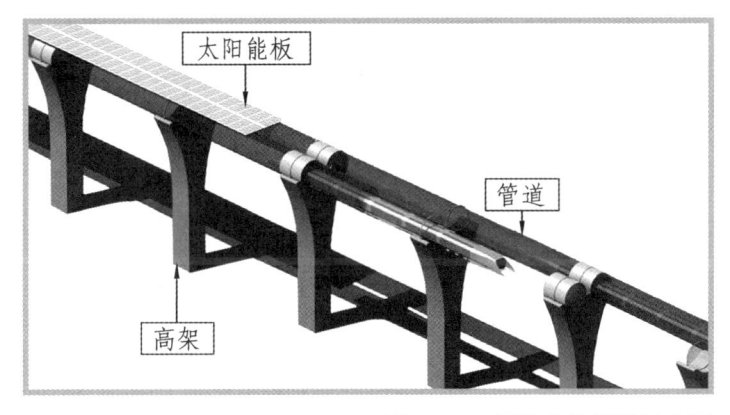

图 6.15　超级高铁管道示意图

6.4　超级高铁的界定

为什么超级高铁被称为"第五种交通工具"，相对于其他类型的交通工具它具有哪些明显的特点？在运行中它与其他的交通方式有什么不同？它

高铁简史

的具体定义是什么？它的基本特性是什么？

6.4.1 超级高铁的基本定义

超级高铁是一种以"真空管道运输"为理论而设计的交通工具，这种交通工具将一系列"真空管道"连接起来，构成整个运输线路系统，可以让乘客在数分钟时间内就能从甲地到达乙地。超级高铁作为交通工具方便了乘客出行，节省了出行时间，提高了运送效率。如图6.16所示。

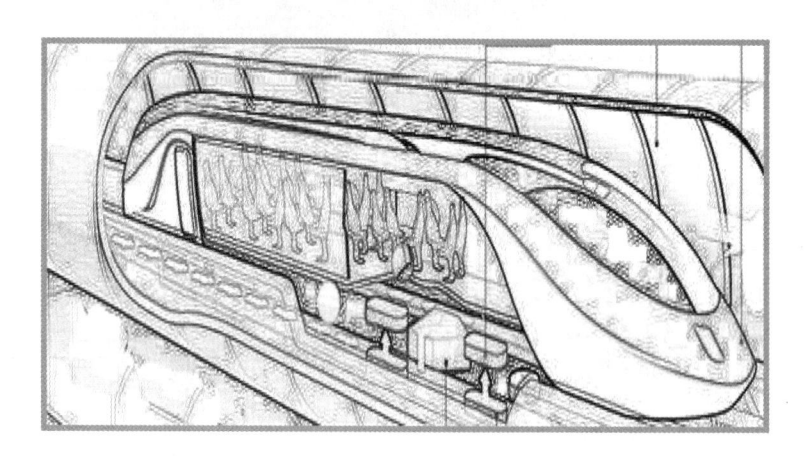

图6.16 超级高速列车设想图

超级高铁是一种在真空管道中运行的超级列车，属于真空管道磁悬浮列车（Evacuated Tube Transport），超级列车在密闭的真空管道内行驶，不受空气阻力、摩擦及天气等影响，特别是不受自然环境影响（如大风、暴雨、泥石流、低温等）。超级列车时速可达到 1 000～20 000 km，超过了飞机飞行速度的数倍，是一种理想的交通方式。超级高铁的优点：无需车载电源、安全性高、能静止悬浮启动耗能很少、运行噪声小、不容易耳鸣、车体轻、适合高频发车；超级高铁的缺点：大大提高轨道成本。

6.4.1.1 速度与空气阻力的关系

在稠密的地表大气层中，高速交通工具在运行过程中都会受到摩擦

（包括接触摩擦和空气摩擦，主要是空气摩擦）的影响。在地表交通工具的最高时速在 500 km 左右，而管道运输系统中的理论上最高速度能够达到时速 20 000 km 以上。如高铁时速超过 300 km 时，主要阻力就来自于空气了，而时速到 400 km 时来自空气的阻力就超过 90% 了，时速到 500 km 时来自空气的阻力就超过 99% 了。高铁的运行速度超不过飞机的飞行速度，主要原因是轮轨高铁遇到的地表空气阻力远远大于飞机遇到空中的空气阻力。所以，交通工具的运行速度与空气阻力有关，空气阻力越大交通工具的运行速度越小。

（1）地表的阻力关系。当交通工具在地面运行时，面对的是 1 个大气压，轮轨高铁与汽车、轮船、普通火车等交通工具相比较是地表的速度王者。根据最新研究成果，地面轮轨高铁（轮轨式）正常运营的最高经济时速 400 km，而地面轮轨高铁（磁浮式）正常运营的最高经济时速 500 km。因此，在地表由于空气阻力作用，无论哪种交通工具最快的经济速度不能超过 500 km/h，不同距离下的最佳运营速度见表 6.1。

表 6.1 不同距离下的最佳速度值

序号	距离/km	运营速度/（km/h）	交通工具
1	<200	200	动车组
2	200~400	400	轮轨高铁
3	400~600	500	磁浮高铁
4	600~1 500	1 200	超级高铁
5	1 500~10 000	2 000	
6	15 000~20 000	6 500	
7	>10 000	20 000	

（2）空中的阻力关系。由于不同的高度空气密度不一样，因此不同高度空气阻力也不一样，而这种空气阻力也和大气压力（也叫大气压）有关。因此，不同大气压下交通工具的运营速度也不一样。根据现有研究成果，不同大气压下的最佳速度值见表 6.2。

表 6.2　不同大气压下的最佳速度值

序号	高度/m	大气压/Pa	飞行速度/（km/h）	超级高铁运营速度/（km/h）
1	<1 000	1	400～500	<500
2	1 000～4 000	0.8～1	500～600	500～1 200
3	4 000～10 000	0.5～0.8	600～8 000	
4	10 000～12 000	0.2～0.5	800～1 000	1 200～2 000
5	12 000～15 000	0.05～0.2	1 000～2 000	
6	15 000～20 000	0～0.05	2 000～10 000	2 000～20 000
7	>20 000	0	>10 000	>20 000

通过对地表和空中的空气阻力分析：空气越稀薄，空气阻力就越小，交通工具的运营速度就越大。因此，如果建设一个管道，将里面的空气排出去，管道里面是真空，这样交通工具运行没有空气阻力了，其速度就可以达到时速 6 500 km 以上；即使管道里面有少许空气，只要小于 0.1 个大气压，交通工具也可以达到时速 1 000 km 到 2 000 km。

6.4.1.2　超级高铁设计中的主要问题

在地表稠密的大气层中，交通工具运行时受到接触摩擦和空气摩擦的影响，而限制交通工具运行的主要是空气摩擦，即空气阻力。如何提升速度？只有降低摩擦，减少阻力了。一方面，针对接触摩擦，超级高铁本质上是利用磁铁提供的推力，依靠压缩空气提供升力，超级高铁不会有"轮子和轨道"之间产生的摩擦阻力；另一方面，针对空气摩擦，超级高铁要达到目标时速，行驶轨道内要保持低压，以减小超级列车与空气之间的阻力。

（1）设计原理——空气阻力问题。超级高铁运行的管道，可以建成一个密闭管道。管道里面的空气可以排除，运行时管道变成真空或部分真空。这样超级高铁在没有空气阻力的密闭管道中运行，超级高铁运行中的阻力会大大减小，同时能耗也大大降低，气动噪声和超级列车震动也大大降低。图 6.17 为超级高铁管道起点图。

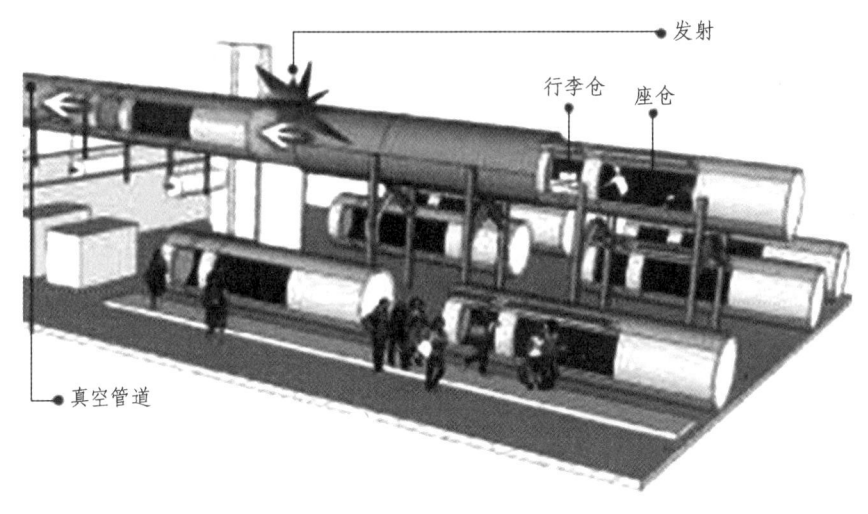

图 6.17 超级高铁管道起点图

（2）设计原理——接触摩擦问题。超级高铁运行的摩擦阻力，来自于空气摩擦和接触摩擦。超级高铁除了消除空气摩擦带来的阻力，超级高铁的另一大亮点是悬浮技术。悬浮技术要解决的正是接触摩擦的阻力，利用磁悬浮技术使运载工具在真空管道中无接触、无摩擦地运行，达到点对点的传送运输，这样不存在接触摩擦问题了。如图 6.18 所示。

图 6.18 超级高铁管道运行图

（3）设计原理——动力促动问题。超级高铁可以采用自供电设计。根据美国专家马斯克研究，在线路管道上部铺设太阳能面板，就能够产生足够的电能维持其正常运行。超级高铁系统在运营管道上装上太阳能电板后，获得的能量将满足整个系统的能耗。并且在超级高铁系统中增设存储能量的设施,把多余能量存储起来,供超级高铁系统应急时应用。图6.19为超级高铁太阳能板示意图。

图6.19 超级高铁太阳能板示意图

因此,基于以上三大原理,建造超级高铁在理论上非常简单。首先,只要从封闭环境中抽掉空气,形成真空环境就行了;其次,消除摩擦,让运载工具悬浮在管道内,这样就可以用很小的能量推动运载工具高速前进;最后,在太阳能的促动下,超级高铁在真空管道中快速运行了。

6.4.1.3 超级高铁的基本定义

超级高铁系统是建造一条与外部空气隔绝的管道,将管内抽为真空后,在其中运行磁悬浮列车等交通工具(基于美国马斯克的设想,超级高铁示意图见图6.20),运载工具(即超级列车)处于一个几乎没有摩擦力的环境中,利用低压管内的浮舱以时速1 200 km运送旅客。超级高铁的特征及所属类型见表6.3。

表6.3 超级高铁的特征及所属类型

序号	具体特征	类 型
1	在管道中运输	管 道
2	使用的是磁悬浮技术	轨 道
3	运输能力相当于公共汽车的运输能力	道 路
4	运行速度和飞机的飞行速度差不多	航 空
5	在空气中漂浮	水 运

·第6章 第三类高铁：超级高铁·

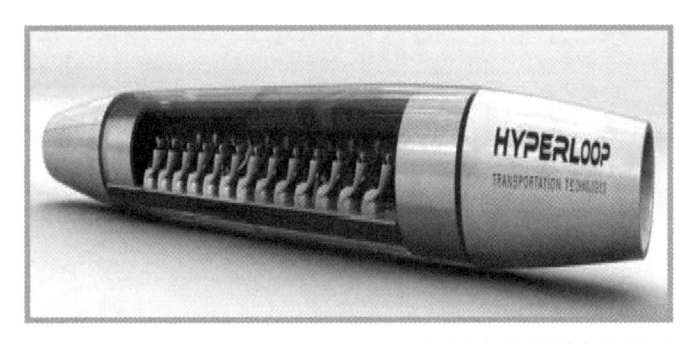

图6.20 马斯克超级列车设想图

从现有五种交通运输方式（轨道、航空、水运、道路、管道等）特征来看：

（1）超级列车。超级高铁是利用"真空管道运输"的概念，建造的一种全新交通工具。该交通工具是继汽车、轮船、火车和飞机等之后的新一代交通运输工具，具有超高速、高安全、低能耗、无噪声、零污染等特性。由于在管道中真空运行，且采用磁悬浮技术，所以本书建议该交通工具叫真空飞车或超级列车。

（2）真空管道。超级高铁有别于传统铁路，是真空悬浮无摩擦力飞行系统，该系统是一套全新的高速运输体系。如图6.21所示。超级高铁系统由运输管道、载人舱体、真空设备、悬浮部件、弹射和刹车系统等组成。超级高铁系统具有：一方面，在管道内部，超级列车悬浮于空中，时速可达1 000 km以上；另一方面，通过磁浮技术，超级列车漂浮于真空处理的管道中，再利用弹射装置，发射超级列车沿着管道无间断地驶向目的地。

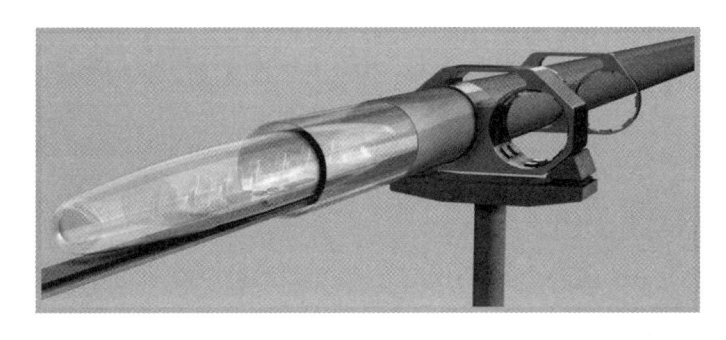

图6.21 超级高铁管道设想图

6.4.2 超级高铁的推进系统

超级高铁的设计比一般的交通方式更为安全。因为它运行在隧道里，不受天气影响，推进系统内置于管道中，不会出现人为操作失误。如果发生严重事故，在封闭的舱内乘客可能会缺氧，为防范这一问题，超级高铁会提供氧气罩。

（1）超级高铁的推进系统：空气压缩方式为主，如图6.22。超级列车在整个行驶过程中包括三个阶段：加速—匀速高速行驶—减速到站。而超级高铁的推进系统基本要求：启动阶段能在相对低速的情况下将座舱从0静止加速到480 km/h，这需要较大的启动加速度，在直线加速区域能够以1g（9.8 m/s^2）的加速度将运行速度从400 km/h加速到1 220 km/h；超级列车头部的风扇足以提供列车保持1 200 km/h的力，至于加速和减速过程的力则由管道壁上的直线电动机来完成，出发时对列车不断加速，快到站时不断减速。

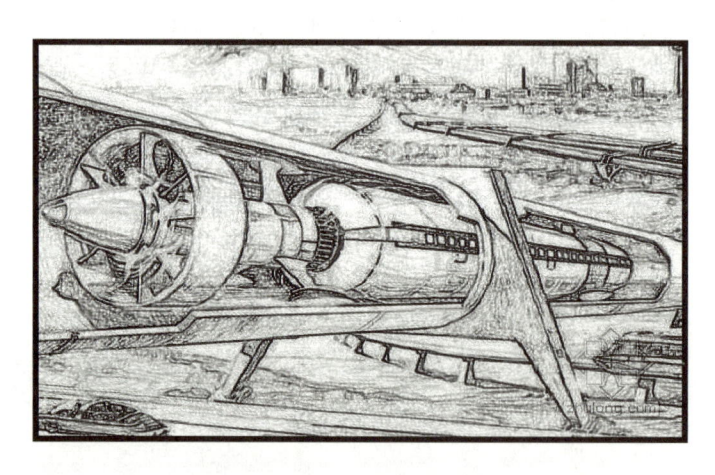

图6.22 超级高铁推进系统

（2）超级高铁的供能方式：太阳能将是最优选择。太阳能是超级高铁最适合的动力源。车内的电池主要是制造自身气垫之用，在隧道内，约每110 km就会有一个外部线性电动机为列车补充动力。管道上铺满太阳能板，将太阳能转化成电力，使得整个系统自给自足，甚至可能还有剩余。整个超级列车系统工作时的功率有 21 MW，而表面覆盖的太阳能电池板可以提供 57 MW 的电能，完全够用。

6.4.3 超级高铁的技术特性

由于真空磁悬浮列车是世界上最快的交通工具，其实超级高铁中的超级列车就是真空中的磁悬浮列车。超级高铁除了速度的优越性，真空管道系统还拥有快捷准点、运输量大、舒适安全、全天候运行、节能环保等特点。

6.4.3.1 超级高铁的安全性

无论哪种交通工具，安全是首要的，没有了生命其他都无从谈起。因此，安全可靠是旅客出行考虑的首要因素。超级高铁使用巨大、近乎真空的管道把多个城市相连接，构成一张张超级高铁网络，方便大家快速出行。但超级高铁的安全性如何呢？

（1）基于客观的安全性。从客观上来看，自然环境对各种交通工具影响较大，但对超级高铁来说，在全封闭系统中运行，不受自然环境影响。超级高铁安全性与其他交通方式对比见表 6.4。

表 6.4 超级高铁安全性与其他交通方式对比

种 类	地震	大风	温度	雷电	暴雨	泥石流
超级高铁	最小	最小	最小	最小	最小	最小
飞 机	小	小	最小	最大	小	小
火 车	最大	大	大	大	最大	最大
汽 车	大	最大	最大	小	大	大

（2）基于主观的安全性。从主观上来看，大多数交通事故和人有关，

而超级高铁主要是智能化控制，和人关系不大。超级高铁的安全性主观表现见表6.5。

表6.5 超级高铁主观安全性

1	有速度限制，客舱完全包含在管道里，不易脱轨
2	有先进的控制保障系统，不易出现人为事故
3	真空管道沿线设有安全舱，发生故障时可从安全舱逃离

总之，无论从主观还是客观上来看，超级高铁是最安全的一种交通工具，相对于汽车、飞机、轮船和轮轨高铁等交通工具，超级高铁都是非常安全的。

6.4.3.2 超级高铁的舒适性

舒适性是大家选择超级高铁出行的另一关键原因。很多人认为超级高铁比飞机的速度快，人体无法承受，但实际上通过科学分析人体是可以承受的。这是因为：

（1）与汽车对比人体的适应性。人体通常承受的极限是在 50 m/s^2 左右的加速度，而汽车的百公里加速约为 10 s。如果在 1 min 至 2 min 之内，能够轻松加速到 1 000 km/h，人体承受超级高铁的运行速度完全不是问题。而且对乘客来说，尽管速度极快，但在真空环境下，乘客完全不会感觉到高强度的加速度和噪声。

（2）与飞机对比人体的适应性。超级高铁的加速度达到飞机的加速度就行了，飞机的加速度一般是 $0.5g \sim 0.6g$，相当于每秒钟加速 5 m 左右，其实，人们百米跑的加速度比这大得多。这个加速度对普通人来说根本没问题。而等到列车加到一定速度后，它将匀速运动，那时，乘客对速度不会有任何感觉，就像航天员在太空中飞行一样感觉平稳。因此超级列车如果加速度过快，人还是受得了。

图 6.23 为超级高铁座椅设想图。

图 6.23　超级高铁座椅设想图

超级高铁的舒适性还表现在：① 超级列车的每个乘客舱都处于加压状态，安装有氧气罩和紧急刹车系统，不会出现身体不适问题；② 超级列车在起点被弹射出去，因磁力一路前行，途中不会像飞机那样遭遇气流颠簸；③ 当超级列车发动时，乘客会感觉到加速，一旦超级列车全速前进就不会再有感觉了。因此，在超级高铁上，乘客体验很舒适，超级高铁将比轮轨高铁和飞机更舒服，更安静。特别从技术的层面看，超级高铁的舒适性还包括震动、温度、噪声、空气、光线等因素，各种交通工具舒适性对照见表 6.6。

表 6.6　各种交通工具舒适性对照表

交通工具		超级高铁	普通铁路	高速铁路	汽车	航空
车内稳定性	纵向的稳定性度	1.5	3	2	3	3.2
	横向的稳定性度	0.2	2.2	2	2.5	2.6
	垂向的稳定性度	1	2.5	2	2.8	5
车内噪声		50 分贝	70 分贝	65 分贝	76 分贝	80 分贝
车内温度		自调温度	高于常温	自调温度	高于常温	自调常温
车内空气		次于室外	同于室外	次于室外	同于室外	次于室外
车内光线		自调光线	同于室外	次于室外	同于室外	自调光线
稳定性度值越小，表示车内环境越稳定，越舒适，国际认定的稳定性度阈值为 2						

143

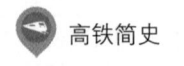

6.4.3.3 超级高铁的经济性

经济性也是建设超级高铁建设需要考虑的主要条件之一。根据马斯克的设计理念，对于距离不超过 1 500 km 的任何两个大城市而言，超级高铁都是非常经济的交通方式。例如，北京和上海之间建造超级高铁的成本为 60 亿元，如果超级高铁每 3 min 发一班，每辆超级高铁搭载 30 人，每趟运行成本大约 200 元，因此单程票价可定为每张 200 元，是非常便宜的，乘客可以接受。超级高铁与其他交通方式的造价及运营成本对比见表 6.7。

表 6.7 超级高铁与其他交通方式的造价及运营成本对比

交通方式	造 价	运营成本	备 注
超级高铁	1	1	设超级高铁的成本为基数 1
高速公路	4	—	
高速铁路	10	2	

（1）基于建设成本的经济性分析。超级高铁的营运线路是管道，而管道由高架支柱支撑，远离地面，从而减少对土地资源的占用。两个城市之间的真空管道与高速铁路一样搭建在地上，凡是有道路的地方，就可以有两根管道，供两个方向行驶。而且真空管道或许还能"附着"在已经建成的高速架桥上，从而节省路线资源与基础设施的搭建成本。因此，超级高铁建设成本比其他交通工具的建设成本低。

（2）基于运营成本的经济性分析。超级列车利用太阳能使其运输成本大幅度下降，而且能够利用自身技术的进行多次储能。超级高铁系统将超级列车加速至一定速度后，超级列车能够依靠惯性在真空管道中运行，并不需要任何额外的能量。在乘客即将到站需要减速时，超级列车的现有动能又可通过电机进行能量回收和再利用，这样超级列车运输成本仅为轮轨高铁运输成本的 1/10。因此，超级高铁运营成本比轮轨高铁运营成本低。

超级高铁造价见表 6.8。

表 6.8 超级高铁造价

种类	成本（人民币）/亿元	具体支出（人民币）/亿元 高架	具体支出（人民币）/亿元 土地	具体支出（人民币）/亿元 管道	每千米造价（人民币）/亿元
客用 Hyperloop	360	153	60	39	约为 0.1
客货两用 Hyperloop	450	153	60	39	约为 0.1

6.4.3.4 超级高铁的便捷性

便捷性是选择超级高铁出行的选择条件之一。如果超级高铁网络能够在全球建成的话，用数小时就可完成环球旅行，实现全球一日游（早出晚归，全球上班）的目的。根据马斯克的设计理念，超级高铁的便捷性见表 6.9。

表 6.9 超级高铁的便捷性

序号	便捷性	理由
1	随到随走	无需预定座位，随到随走
2	人人平等	座位无等级差别
3	节省时间	车站设在市中心，无需换乘
4	任性出行	自动运行，无需担心延误问题
5	自由选择	根据线路长度选择运行速度

6.4.3.5 超级高铁的节能环保性

超级高铁除了速度的优越性，真空管道运输系统更节能，更环保。特别是超级高铁在低碳排放、节能环保方面的优势非常明显。一方面，超级列车作为运输工具不但碳排放为零，而且没有粉尘、油烟和其他废气的污染物；另一方面，真空管道运输是一种无空气、无摩擦的运输方式，比轮轨高铁和飞机更安静，无噪声。

（1）基于能耗的技术特性分析。超级高铁系统由于减少了接触摩擦和

高铁简史

空气摩擦，真空管道运输比任何传统交通工具耗费的能源都少，超级列车每度电的运输能力是轮轨高铁的 50 倍。超级高铁系统将采取太阳能供电方式，能够自行补充能量，而且该系统还有存储能量的设施，在不使用电池板的情况下也能行驶一周时间。根据现有研究成果分析，各种交通工具能耗对照见表 6.10。

表 6.10 各种交通工具能耗对照表

交通工具	普通铁路	高速铁路	超级高铁	汽车	航空
一个人同等里程能耗/（kg/人）	1	0.5	0.1	6	4

（2）基于环保的技术特性分析。超级列车比飞机飞行速度快两倍多，但能耗不到民航客机的 1/10，噪声和废气污染及事故率接近于零。特别是超级高铁管线建在地下或地面以上，对环境基本没有污染。根据现有研究成果分析，各种交通工具环保对照见表 6.11。

表 6.11 各种交通工具环保对照表

交通工具	普通铁路	高速铁路	超级高铁	汽车	航空
一个人公里 CO_2 排放/[mg/（km·人）]	1	0.5	0.2	10	4
一个人公里的噪声/[dB/（km·人）]	0.1	0.05	0.01	1	1

6.4.4 超级高铁存在的问题

超级高铁系统一旦成功，将会彻底颠覆人类之于交通的认知，但速度越快也意味着风险系数越高，如果发生事故真空管道给乘客会带来难以想象的灾难。目前，从技术层面来看，超级高铁系统使用的各种关键技术（包括低压管道、压缩机、太阳能等技术），都是成熟可行的；但从应用层面来看，还有许多其他问题需要解决。图 6.24 为超级高铁实验管道实物图。

图 6.24 超级高铁实验管道实物图

（1）从理论方面来看，超级高铁系统是完全可行的。从理论上来说，管道运输是目前最为高效和节能的运输方式。真空磁悬浮列车为世界上最快的交通工具，理论上已验证。超级高铁就是在真空管道中运行的磁悬浮列车。因此，从理论方面来看，构建超级高铁系统是完全可行的。具体原因见表 6.12。

表 6.12 超级高铁系统可行的原因

序号	原因	理由
1	高速运营可实现	不受摩擦和空气阻力影响，最高速度理论可达 20 000 km/h
2	系统安全性高	处于全封闭环境中的超级列车完全不受天气变化的影响
3	能源供应合理	采用自供电设计，在管道上方铺设太阳能面板，可产生足够的电量

（2）从应用方面来看，技术难度大，短时间内无法建设超级高铁系统。从应用方面来看，想要实现 1 000 km 以上的真空运输很难，特别是技术、成本和管理等方面。因此，从应用方面来看，目前构建超级高铁系统是不可行的。原因见表 6.13。

表 6.13 超级高铁系统不可行的原因

序号	原 因	理 由
1	长距离真空管道难以构建	真空管道内外压强差极大，现有技术手段难以达到要求
2	磁悬浮技术不够完善	目前磁悬浮技术在实际应用中并不成熟
3	电压稳定问题	真空环境中容易产生"真空击穿"问题，尚未解决
4	系统管理问题	跨国运输，不同国家的协同管理难以解决

总之，超级高铁拥有诸多优势，或许在未来能够引发交通领域的革命，促进人类社会大进步。但是，在技术层面和成本方面还存在着不少问题，还需要学者们不断去研究和探讨。超级高铁想要发展，必须循序渐进，不能跨越式发展，否则要付出代价。只有当普通铁路逐渐过渡到轮轨高铁之后，才能够激发向超级高铁前进的步伐，达到"速度和安全"的平衡，实现超级高铁环境下的全球一体化，达到"早出晚归"的全球一日游。

6.5 超级高铁的发展愿景

实现超高速研究之路任重道远。列车运行时，管道内的大气压比外界低 10 倍，列车可以将更多的动力用于驱动车辆提速前进。在 1992 年，科研人员就依据高速旋转实验推论出高温超导磁悬浮的实验速度可达 3 600 km/h，但这只是理论上的，要做出来还有很长的路要走。

2017 年 8 月 30 日，中国航天科工宣布开展了"高速飞行列车"的研究论证，拟通过商业化、市场化模式，将超声速飞行技术与轨道交通技术相结合，研制新一代的交通工具，利用超导磁悬浮技术和真空管道，致力于实现超音速的"近地飞行"，理论最大速度可达到 4 000 km/h。高速飞行列车是利用低真空环境和超声速外形减小空气阻力，通过磁悬浮减小摩擦阻力，实现超声速运行的运输系统。相比传统高铁，高速飞行列车运行速度提升了10倍；相比现有民航客机，速度提升了5倍，最大速度可达到4 000 km/h，是人类对交通工具速度极致追求的一大进步。一个新时代的来临往往伴随着交通运输方式的巨大变革，中国航天科工集团公司高速飞行列车项目或将开启新时代！图6.25所示为高速飞行列车概念图。

图6.25　高速飞行列车概念图

（1）前途光明。真空管道磁悬浮，是基于所有已知的交通方式之上最自然与最直接的科学的推理结果。即消除火车与轨道的摩擦阻力，与同时消除飞机与大气的摩擦阻力。而产生的磁悬浮与真空管道理念两者的完美结合，是未来交通的可选方式，是地球村时代之真正呼唤。现在互联网的时代使信息以光速在地球上传播，以致在各个角落任何人可以瞬间知悉他所需要的知识。但是实物的传输却仍然还制限于时空背景之下。真空管道磁悬浮理念应时、应需而生，它的优越性也跃然纸上，快速、方便、高效、节能、清洁、环保、安全。实现地球上的太空旅行，使人类的旅行便捷进入一个崭新的阶段。

（2）道路曲折。磁悬浮列车在实际运行中还存在许多无法克服的障碍，更不用说建立在悬浮技术基础上的真空运输了。真空管道运输在实践中会出现很多具体问题，这些问题如何解决从来没有人提出过可行的方案。比如，电压在真空环境中容易出现"真空击穿"现象，产生自持放电，破坏电极导致运输系统瘫痪。如何保证真空环境中的电压稳定？此外，管道中是真空状态，而在其中运行的磁浮车辆中必须具备适宜人类乘坐的大气环境，如何保证车厢内外环境都达到标准，也是一个难点。目前谁都无法判定真空管道运输的可行性到底有多少，因为所有的方案描述都不够详细且缺少实践中必要的论据，很难判别其技术合理性及工程可行性。超级高铁作为 2013 年提出的新概念交通系统，从出现至今一直备受关注。这一概念经过几年的发展，以出现了几种成熟的思路，这些思路是之后超级高铁研究的基础。

愿景总是先于现实，并决定着现实。发展快速方便高效节能清洁环保安全经济实用的交通运输系统，让我们勇敢地去推动未来！超级高铁起航吧！

6.6 小　结

"理念可行，理论有疵"，在轮轨高铁的促进下，各国都市圈快速形成，大大拉近了城乡距离，加速了城乡一体化。将来在超级高铁的促进下，世界性经济圈也会快速形成，也会大大拉近各国之间距离，促进各国快速发展，形成高铁环境下的地球村。但轮轨高铁是一项高成本、高投入的基础设施项目，而超级高铁更是一种高风险的设施，直接关系到一个国家的国计民生。从理论上，在真空环境下超级高铁确实有可能达到更高速度，但最高速度不仅与真空度有关，还与悬浮导向系统、牵引系统、轨道系统及运行控制系统等技术相关。因此，超级高铁还需要进一步的理论研究。

"理想丰满，技术骨感"，速度的提升，缩短了时空，拉近了距离，重构了世界的时空版图，实现全球一体化。超级高铁提供了人们继续提高旅行速度的想象空间，但要实现工程应用，还有很多问题需要解决，人类还需要不断努力研究，才能使神话变成现实。

第7章 高铁环境下的地球村

世界七大洲中，除南极洲外，都有国家分布。高铁发展也促进区域一体化。这是因为：高铁地面交通线良好的兼容性，是其能够进行国际间互联互通的基础。不同高铁类型，促进不同区域一体化。轮轨高铁促进了区域一体化，磁浮高铁促进了各洲村，超级高铁促进了全球一体化，即地球村。所以，必须重视高铁发展，哪个国家拥有高铁（轮轨高铁、磁浮高铁、超级高铁）核心技术，该国家就拥有世界。

自从高铁诞生以来，高铁经历了"四次发展""三次飞跃"。目前，世界上很多国家和地区已经规划、建设和运营着高速铁路。

高铁相对于其他交通运输方式，输送能力强，速度较快，安全性好，正点率高，能源消耗较低，对环境影响较小，占地较少，舒适方便，经济效益可观，社会效益好，并以其特有的技术优势适应了现代社会经济发展的新需求，成为世界各国发展的必然选择。中国高铁的发展和运营实践表明，高铁在我国有很大的发展空间和潜力，我国应充分利用后发优势，实现我国高速铁路的跨越式发展。高速铁路创造了城市发展新的增长点，推动中心城市与卫星城镇一体化，增强中心城市对周边城市的辐射带动作用，强化相邻大城市的"同城效应"。特别随着世界各国大力发展高速铁路，在可预计的未来，高速铁路将成为连接各地区国家的主要地面交通方式，和空中航线一并开启"地球村"时代，坐着高速铁路周游世界将成为旅游时尚。所以，随着高速铁路技术不断完善，世界各国和地区之间，高速铁路似公交，车次多，间隔短，却无高速公路的拥堵、空中飞机的延误，使旅行时间减少，达到全世界的"同城效应"。因此，目前在世界范围内掀起了建设高速铁路的热潮，如图7.1所示。

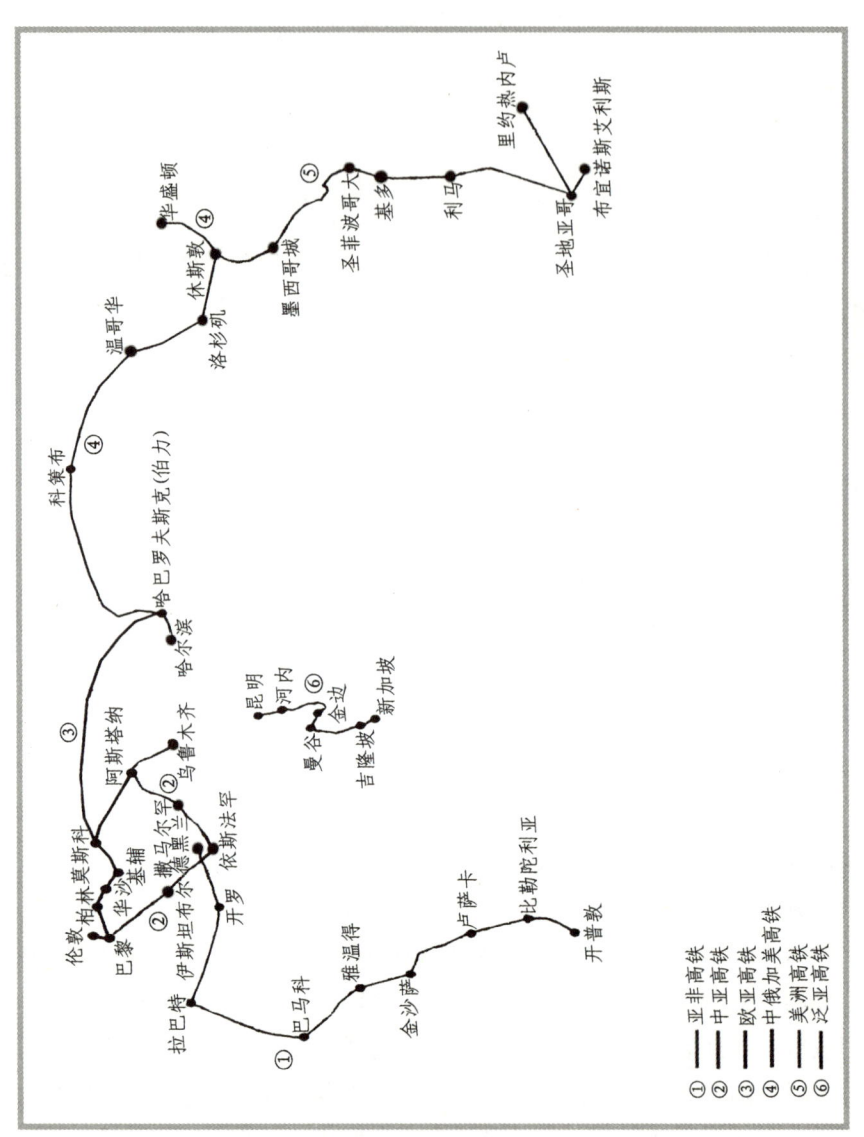

高铁简史

图 7.1 高铁下的全球一体化

① ——— 亚非高铁
② ——— 中亚高铁
③ ——— 欧亚高铁
④ ——— 中俄加美高铁
⑤ ——— 美洲高铁
⑥ ——— 泛亚高铁

152

7.1 高铁环境下的各洲一体化

目前，高速铁路技术发展最成熟的四个国家是德国、法国、日本和中国，法国高速铁路列车以其出色的电力控制和智能保护系统成为世界上最受欢迎的高速铁路技术，其中所有已经开通运营的高速铁路的国家中有6个国家使用法国的高速铁路列车技术。日本是世界上第一个开展研究高速铁路的国家，新干线技术也被称为全世界最安全的高速铁路技术，中国大陆的 CRH 和中国台湾的高速铁路都借鉴了日本新干线技术。中国是高速铁路起步最晚，但是发展最迅速的国家，中国通过引入日本、德国、法国等高速铁路技术，经过集成创新设计了 CRH1、CRH2、CRH3、CRH5、CRH380 等五个型号的高速铁路列车，成为世界上高速铁路运营里程最长、运营速度最快、线路网路规模最大的国家。

7.1.1 高铁环境下的欧洲村

欧洲，也称作"欧罗巴洲"（Europe），名字源于希腊神话的人物"欧罗巴"（希腊语：Ευρώπης），欧洲位于东半球的西北部，北临北冰洋，西濒大西洋，南滨大西洋的属海地中海和黑海。欧洲东以乌拉尔山脉、乌拉尔河，东南以里海、大高加索山脉和黑海与亚洲为界，西隔大西洋、格陵兰海、丹麦海峡与北美洲相望，北接北极海，南隔地中海与非洲相望（分界线为：直布罗陀海峡）。欧洲最北端是挪威的诺尔辰角，最南端是西班牙的马罗基角，最西端是葡萄牙的罗卡角。欧洲是世界上第二小的洲、大陆，仅比大洋洲大一些，其与亚洲合称为亚欧大陆，而与亚洲、非洲合称为亚欧非大陆。

1994 年在德国召开了欧洲委员会会议，决定实施新建和扩建泛欧交通网的决议。1998 年国际铁盟开始组织研究欧洲高速铁路网进一步的规划，并要求 2020 年将形成全欧洲高速铁路网。如图 7.2 所示。

高铁简史

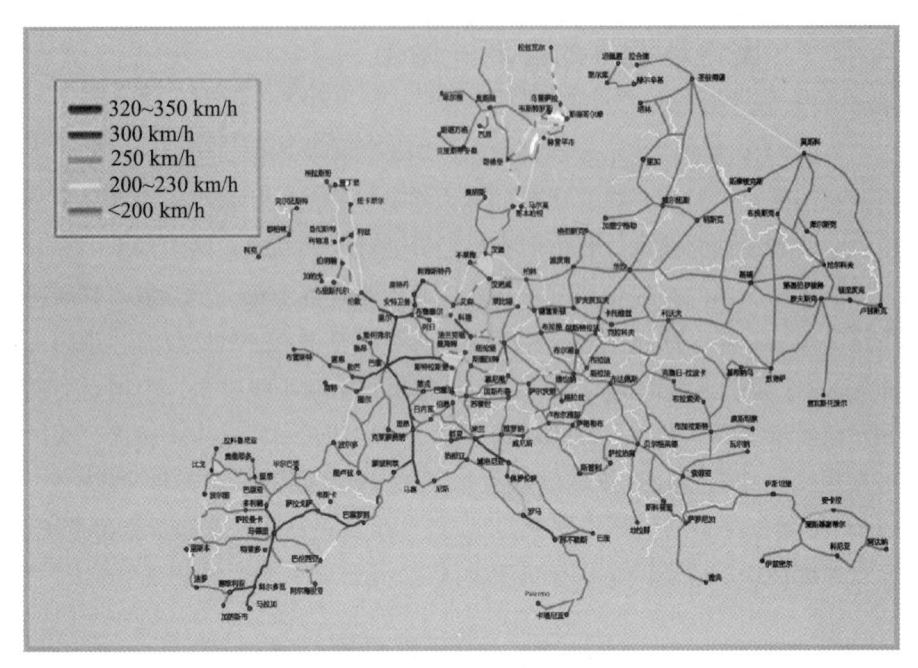

图 7.2　欧洲高速铁路网络示意图

7.1.2　高铁环境下的亚洲村

亚洲（字源古希腊语：Ασία；拉丁语：Asia），曾译作"亚细亚洲"和"亚西亚洲"，是七大洲中面积最大，人口最多的一个洲。亚洲绝大部分地区位于北半球和东半球。亚洲与非洲的分界线为苏伊士运河。苏伊士运河以东为亚洲。亚洲与欧洲的分界线为乌拉尔山脉、乌拉尔河、里海、大高加索山脉、土耳其海峡和黑海。乌拉尔山脉以东及大高加索山脉、里海和黑海以南为亚洲。西部与欧洲相连，形成地球上最大的陆块欧亚大陆。

泛亚铁路（Trans-Asian Railway，TAR）是一个统一的、贯通欧亚大陆的货运铁路网络。亚洲 18 个国家的代表于 2006 年 11 月 10 日在韩国釜山正式签署《亚洲铁路网政府间协定》，筹划了近 50 年的泛亚铁路网计划最终得以落实。按照协定的规划，不久的将来，4 条"钢铁丝绸之路"构成的黄金走廊就可以把欧亚两大洲连为一体，纵横交错的干线和支线将编织起一个巨大的经济合作网络。

第7章 高铁环境下的地球村

依据中国、日本等国家的高速铁路线路建设规划,2050年前将实现以中国为中心,东至日本,西至沙特阿拉伯,南至马来西亚,北至俄罗斯的亚洲环线,由泛亚线和中亚线组成亚洲高速铁路网络。但目前有关国家尚面临统一技术标准,协调海关、检疫和安全检查程序,筹措巨额建设资金,统一建设步伐的艰巨任务。如图7.3所示。

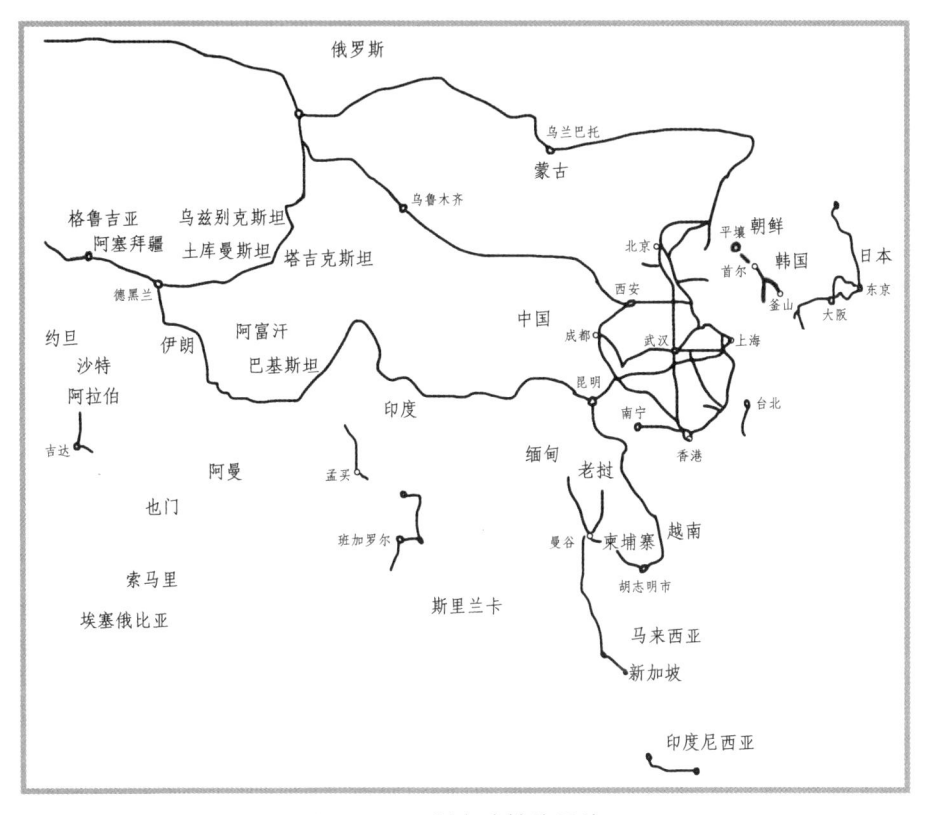

图 7.3 亚洲高速铁路网络

1. 中巴——中吉乌铁路 2015年4月20日,中国与巴基斯坦签署了两国关于开展1号铁路干线(ML1)升级联合可行性研究的框架协议。1号铁路干线从卡拉奇向北经拉合尔、伊斯兰堡至白沙瓦,全长1 726 km。如图7.4所示。

高铁简史

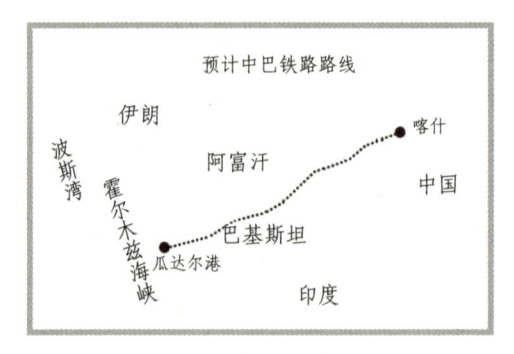

图 7.4 中巴高铁线路

泛亚铁路构想被称为"丝绸之路"。从新加坡经孟加拉国、印度、巴基斯坦和伊朗,到达土耳其的伊斯坦布尔,最后延伸至欧洲及非洲。如图 7.5 所示。

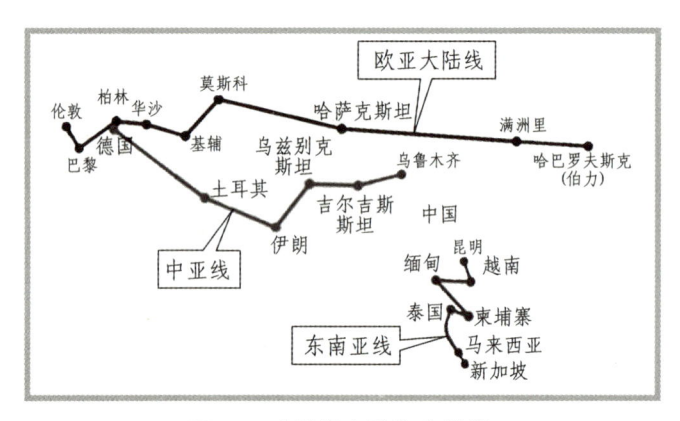

图 7.5 "丝绸之路"高铁线

2. 东南亚线 东南亚线以中国昆明为起点,分为与缅甸、泰国、柬埔寨连接的三条支线深入东南亚地区,并通过泰国直接连通马来西亚。东南亚线是实现中国与东南亚地区的地面快速运输通道,提高东南亚地区间的旅游、经贸互动效率,促进地区一体化发展。如图 7.6 所示。

经过中国昆明有三个方案:一是东线方案,由新加坡经吉隆坡、曼谷、金边、胡志明市、河内到昆明;二是中线方案,由新加坡经吉隆坡、曼谷、万象、尚勇、临沧、祥云(大理)到昆明;三是西线方案,由新加坡经吉隆坡、曼谷、仰光、瑞丽到昆明。准轨将取代窄轨。

第7章 高铁环境下的地球村

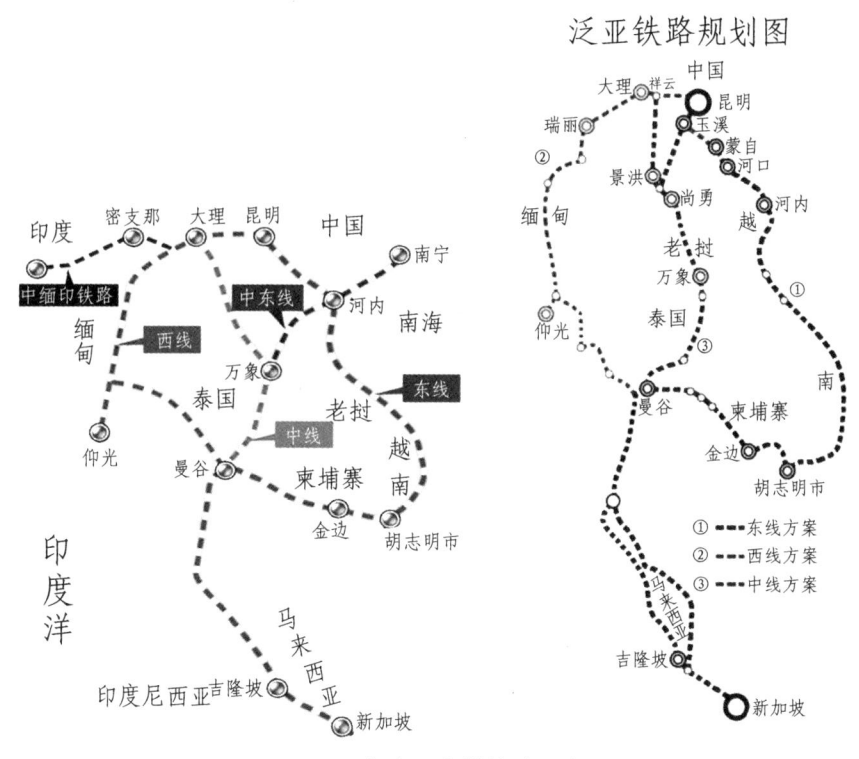

图 7.6 东南亚高铁线路示意图

第一方案：新加坡—吉隆坡—曼谷—金边—禄宁（Loc Nink）—胡志明市—河内—老街—昆明，全长 5 328 km。此项选线还将建一条支线，以连接老挝首都万象。线路为万象—他曲（Tha Khet）—新邑（即万安港 Vung Ang Port）。支线全长 585 km。此选线还将建一条新的公路，连接越南、老挝和柬埔寨三国，预计总造价为 18 亿美元。

第二方案：新加坡—吉隆坡—曼谷—仰光—昆明，全长 4 559 km。该选线方案中需在泰国、缅甸和中国境内建新的路段来连接。新建路段总长为 1 127 km，估算总造价为泛亚铁路东盟通道 60 亿美元。

第三方案（3A 线）：新加坡—吉隆坡—曼谷—万象—万安（Vung Ang）—河内—昆明，估计造价为 11 亿美元。

第四方案（3B 线）：新加坡—吉隆坡—曼谷—万象—昆明。该路网在老挝和中国境内的新建线总长1 300 km，估计造价为57亿美元。

第五方案（3C线）：新加坡—吉隆坡—曼谷—巴塞（Pacxe）—沙湾拿吉（Xavannakhet）—东河（DongHa）—河内—昆明。此线中新建线总长616 km，估计造价为11亿美元。

第六方案（3D线）：新加坡—吉隆坡—曼谷—万象—昆明。该选线项目为改造和建设并举的方案，估计造价为11亿美元。

3. 中亚线　这是以中国四疆铁路为框架，通过哈尔滨、呼和浩特、拉萨三个城市分别实现与日本、哈萨克斯坦、印度等国家的衔接，并以此为基础继续深入中东地区，最后达到沙特阿拉伯。中亚线有利于中国与中东国家的能源、粮食、卫生、劳工等诸多方面的合作，是加强亚太地区合作的"丝绸之路"。如图7.7所示。

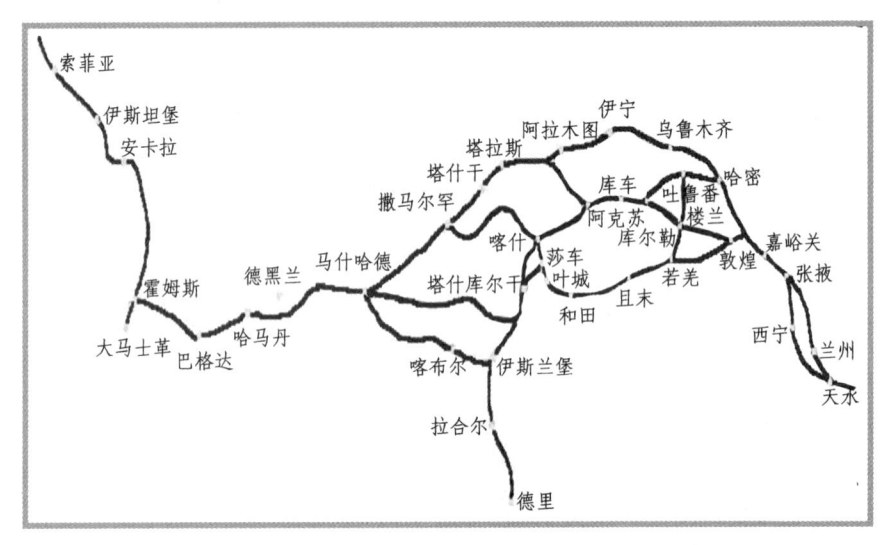

图7.7　亚太高铁环线

7.1.3　高铁环境下的美洲村

美洲是南美洲和北美洲的合称，也是"亚美利加洲"的简称，又称新大陆。北亚美利加洲，简称北美洲，位于西半球北部。东滨大西洋，西临太平洋，北濒北冰洋，南以巴拿马运河为界与南美洲相分。北美洲除包括

第 7 章 高铁环境下的地球村

巴拿马运河以北的美洲外,还包括加勒比海中的西印度群岛。南亚美利加洲,简称南美洲。位于西半球的南部,东濒大西洋,西临太平洋,北滨加勒比海,南隔德雷克海峡与南极洲相望。

北美洲目前尚未建成实际意义的高铁,北美洲两个最大的国家加拿大和美国,工业发达,经济繁荣。现在两国都在计划并都是有条件建高铁的。加拿大各大城市基本是沿美国边界上,东部从魁北克起连接蒙特利尔,首都渥太华,最大城市多伦多,往西至太平洋西岸的温哥华。美国幅员辽阔,人口已达 3 亿多,经济高度发达,工农业生产规模总值均居世界首位。

图 7.8 为北美洲高速铁路网规划。

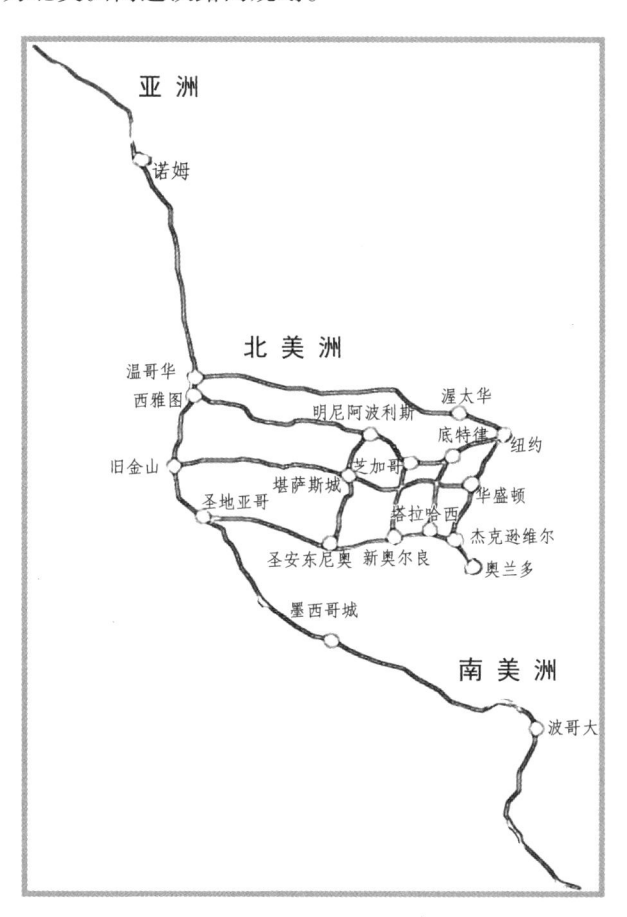

图 7.8 北美洲高速铁路网规划

高铁简史

南美洲面积较大，国家不多。巴西是工农业都很发达，是金砖国家，其他如阿根廷、哥伦比亚、委内瑞拉、秘鲁、智利、厄瓜多尔都是较大的国家，但由于资金、技术和政治原因还未建起一条高速铁路。最近巴西已有修建高铁的计划，尤其是连接首都巴西利亚和里约热内卢及圣保罗三大城市和沿海城市都可建高铁。相信不远的将来，各国根据经济发展情况很快都会建设高铁，并将在环海岸线与各国高铁连接，再通过巴拿马、哥斯达黎加、尼加拉瓜、洪都拉斯、危地马拉、墨西哥等国的高铁与美国、加拿大的高铁连接。

图 7.9 为南美洲高速铁路网规划。

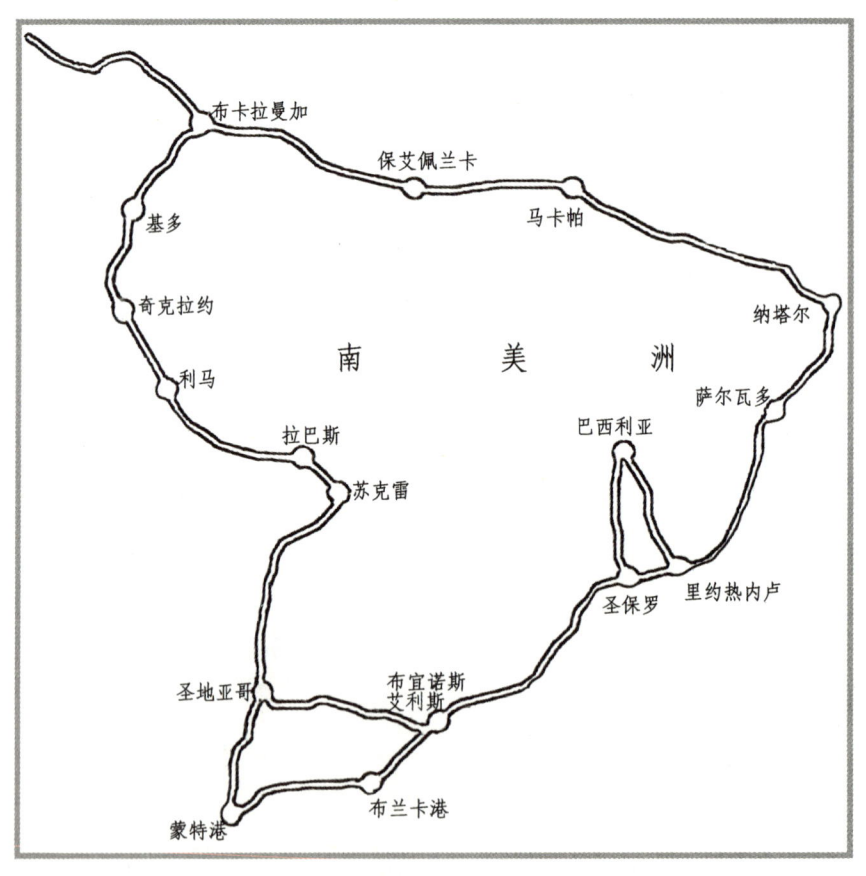

图 7.9　南美洲高速铁路网规划

7.1.4 高铁环境下的非洲村

非洲（拉丁文：Africa），全称阿非利加洲，位于东半球西部，欧洲以南，亚洲之西，东濒印度洋，西临大西洋，纵跨赤道南北。

非洲为世界第二大洲。非洲西临大西洋，东濒印度洋，北与欧洲隔地中海相望，东北与亚洲相邻，赤道横贯中部，共有57个国家和地区，其中苏丹面积最大，尼日利亚人口最多。铁路多为原殖民者留下的、规格不一、轨距不同的窄轨、米轨、宽轨、准轨铁路。因为根据地形和布置特点，大多数国家除在国内推广标准轨距外，各国顺沿海先用准轨铁路连在一起，等经济发达，有钱了再修高铁连在一起，因为沿海岸线修高铁会降低很多造价。如埃及已开始计划修建开罗至阿斯旺 1 000 km 高铁。

图 7.10 为非洲高速铁路规划。

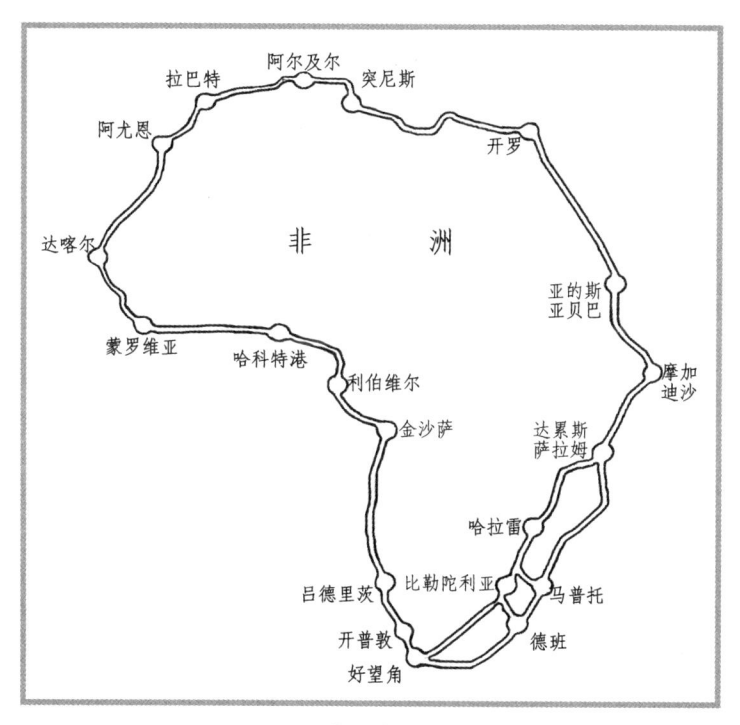

图 7.10 非洲高速铁路规划

高铁简史

高铁是高投入、高成本的项目,目前全球范围内,高铁综合效益较好的线路普遍分布在人口密度高、经济发达的城市群之间,而非洲的大城市近几十年来人口膨胀迅速,但经济发达程度却无法相应提高,短期内恐难支持高铁运营的成本。

7.2 高铁环境下的区域一体化

高速铁路作为一种安全可靠、快捷舒适、运载量大、低碳环保的运输方式,已经成为世界交通业发展的重要趋势。如图 7.11 所示。

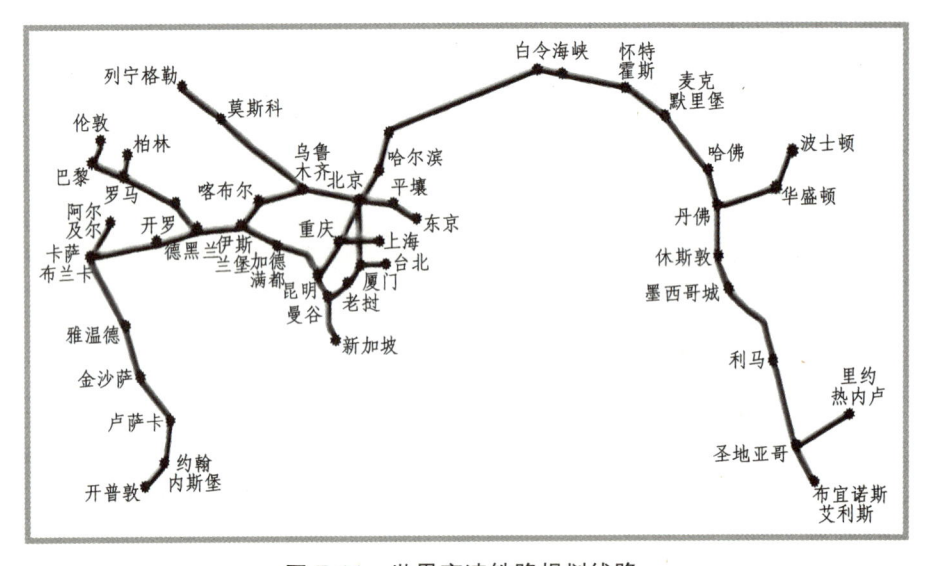

图 7.11 世界高速铁路规划线路

7.2.1 高铁环境下的亚欧一体化

如前所述,高速铁路创造了城市发展新的增长点,推动了中心城市与卫星城镇一体化,增强了中心城市对周边城市的辐射带动作用,强化了相邻大城市的"同城效应"。特别是随着世界各国大力发展高速铁路,在可预计的未来,高速铁路将成为连接各地区国家的主要地面交通方式,和空中航线一并开启"地球村"时代,坐着高速铁路周游世界将成为旅游时尚。因此,随着高速铁路技术不断完善,世界各国和地区之间,高速铁路似公交,车次多、间隔短,却无高速公路的拥堵、空中飞机的延误,使旅行时间减少,达到全世界的"同城效应"。

图 7.12 为欧亚高速铁路网络。

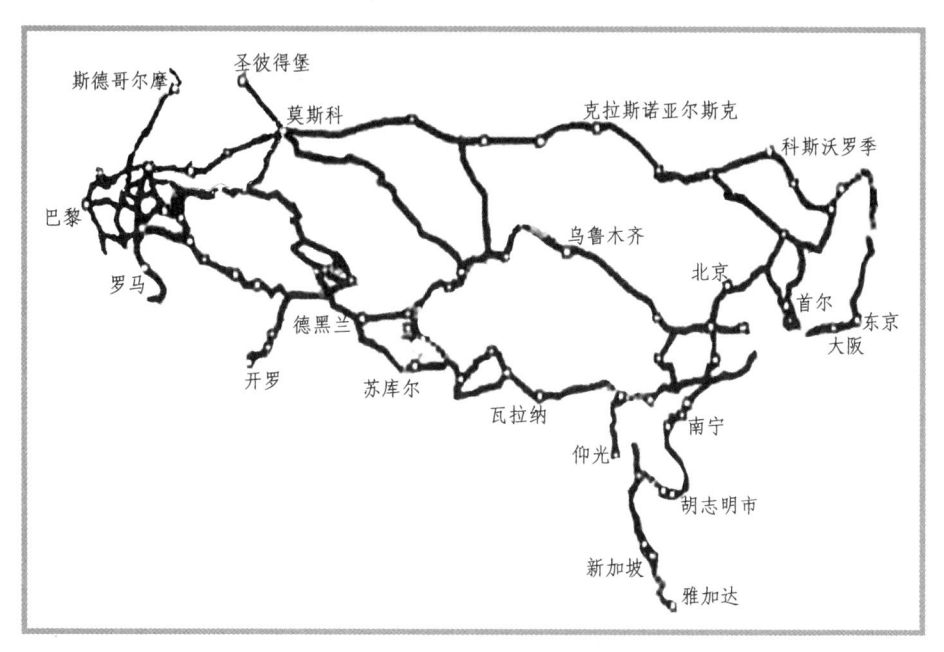

图 7.12　欧亚高速铁路网络

7.2.2　高铁环境下的欧非一体化

欧洲高铁最集中的是西部发达国家,除自己国家已基本建成了高铁网,就考虑各国之间的联系。同时考虑北欧三国,高铁连接哥本哈根(丹麦)、赫尔辛基(芬兰)、奥斯陆(挪威)。另外条件较好的国家如波兰、罗马尼亚、波黑等也准备建设高铁。非洲各国有了高铁后可考虑通过直布罗陀海峡海底隧道与西班牙高铁连接。

图 7.13 为欧非高速铁路网络。

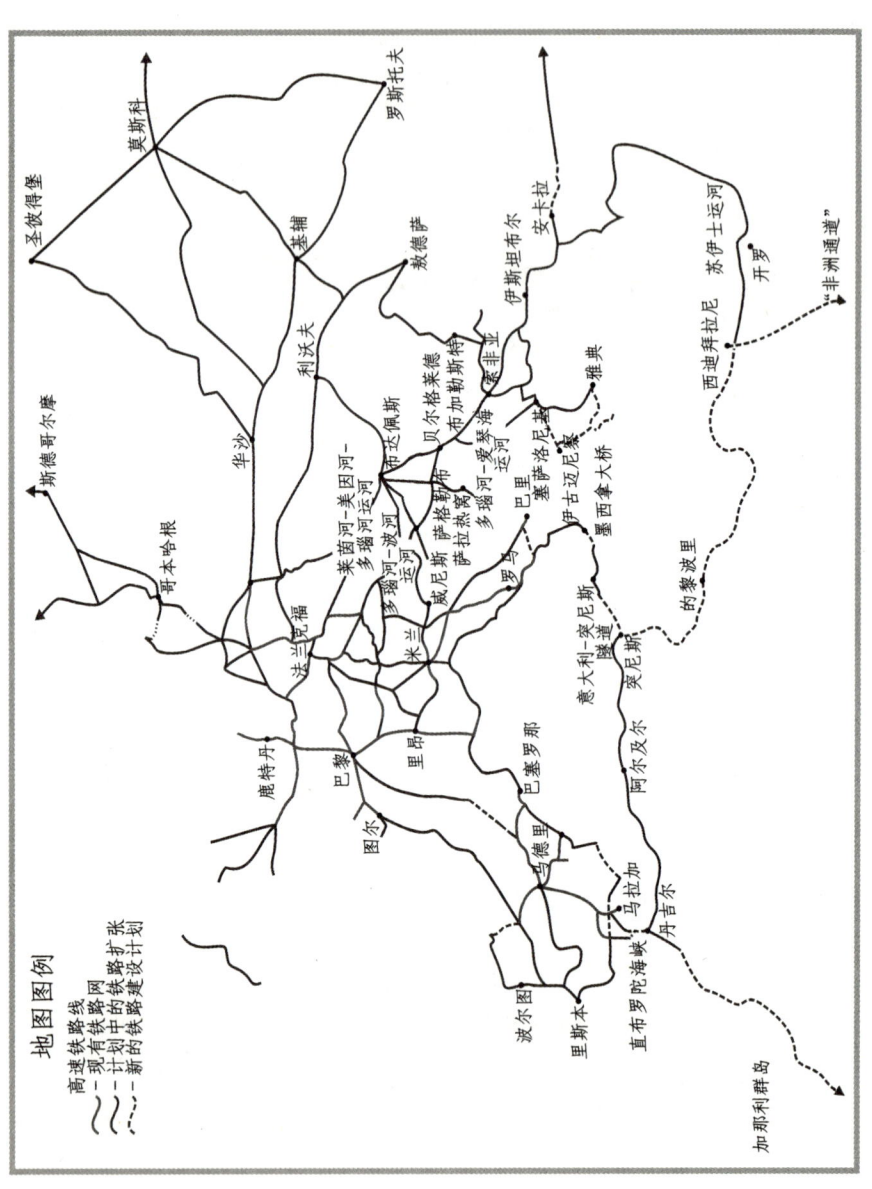

图 7.13 欧非高速铁路网络

7.2.3 高铁环境下的欧亚美一体化

高速铁路是路面交通方式的一次变革，其主要优点是快速和安全。当前世界有经济实力的国家都在规划修建高速铁路，并且许多国家正在联合规划修建跨国高速铁路网,其中中国和周边 17 个国家正在就修建亚欧铁路和泛亚铁路进行协商,泛亚铁路和欧亚铁路的一些线路已经处于建设当中。如图 7.14 所示。

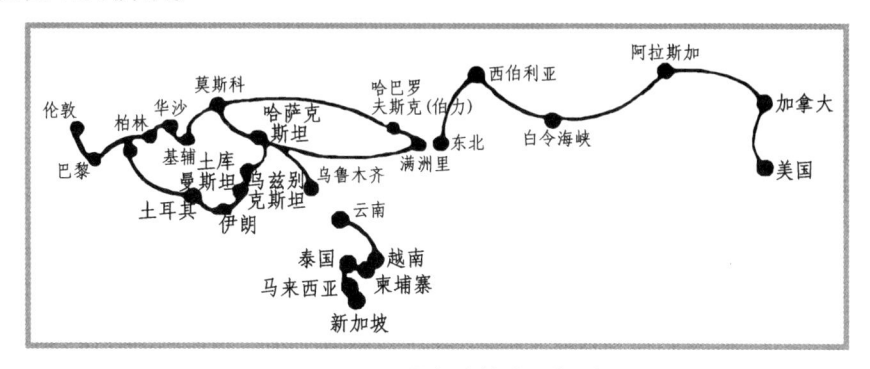

图 7.14 世界高速铁路网规划

目前，世界高速铁路线网规划主要由泛亚线、亚欧线和越洋中美线三条主线组成。其中:

（1）泛亚线主要是连通中国以及越南、老挝、新加坡、曼谷等东南亚地区。

（2）欧亚线主要连通中国、俄罗斯、英国、法国等亚欧地区。

（3）中美越洋线是从中国哈尔滨出发，经过俄罗斯东部，跨过白令海峡，穿过加拿大抵达美国。

根据我国高速铁路规划，在不远的将来世界将会形成以高速铁路网为主要路面运输通道，进入全球"地球村"时代。

7.3 高铁环境下的全球一体化

鉴于高速铁路具有许多可观的经济利益和不可估量的政治影响，世界许多的国家纷纷投入高速铁路的建设进程中。全世界共有德国、法国、意大利、西班牙、英国、日本、中国、韩国、美国、巴西等 20 多个国家开通

高铁简史

了高速铁路线路，并且还有俄罗斯、印度等国正处于规划和筹建高速铁路阶段。如图 7.15 所示。

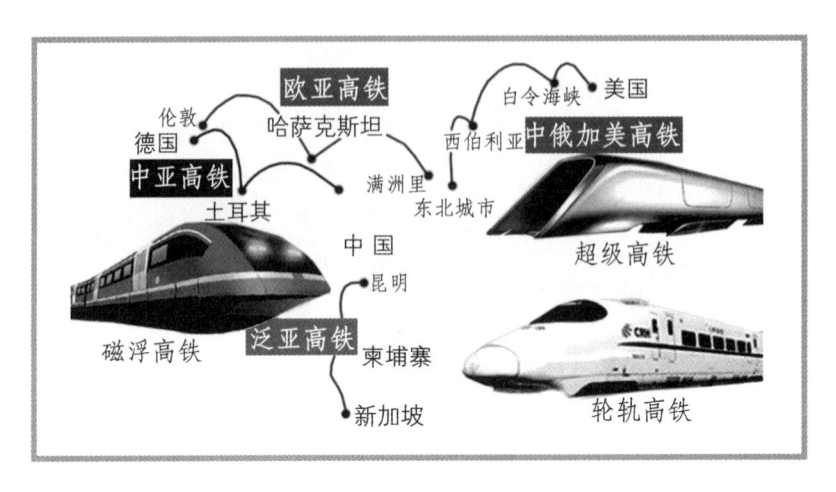

图 7.15　全球高铁一体化

（1）欧亚高铁：从伦敦出发，经巴黎、柏林、华沙、基辅，过莫斯科后分成两支，一支入哈萨克斯坦，另一支遥指远东的哈巴罗夫斯克（伯力），之后进入中国境内的满洲里。

（2）中亚高铁：起点是乌鲁木齐，经由哈萨克斯坦、乌兹别克斯坦、土库曼斯坦、伊朗、土耳其等国家，最终到达德国。

（3）泛亚高铁：从昆明出发，依次经由越南、柬埔寨、泰国、马来西亚，抵达新加坡。

（4）中俄加美高铁：从东北出发一路往北，经西伯利亚抵达白令海峡，以修建隧道的方式穿过太平洋，抵达阿拉斯加，再从阿拉斯加去往加拿大，最终抵达美国。

7.3.1　亚太环线重启"丝绸之路"

依据中国、日本等国家的高速铁路线路建设规划，2050 年前将实现以中国为中心，东至日本，西至沙特阿拉伯，南至马来西亚，北至俄罗斯的亚洲环线，由泛亚线和中亚线组成亚洲高速铁路网络。如图 7.16 所示。

·第7章 高铁环境下的地球村·

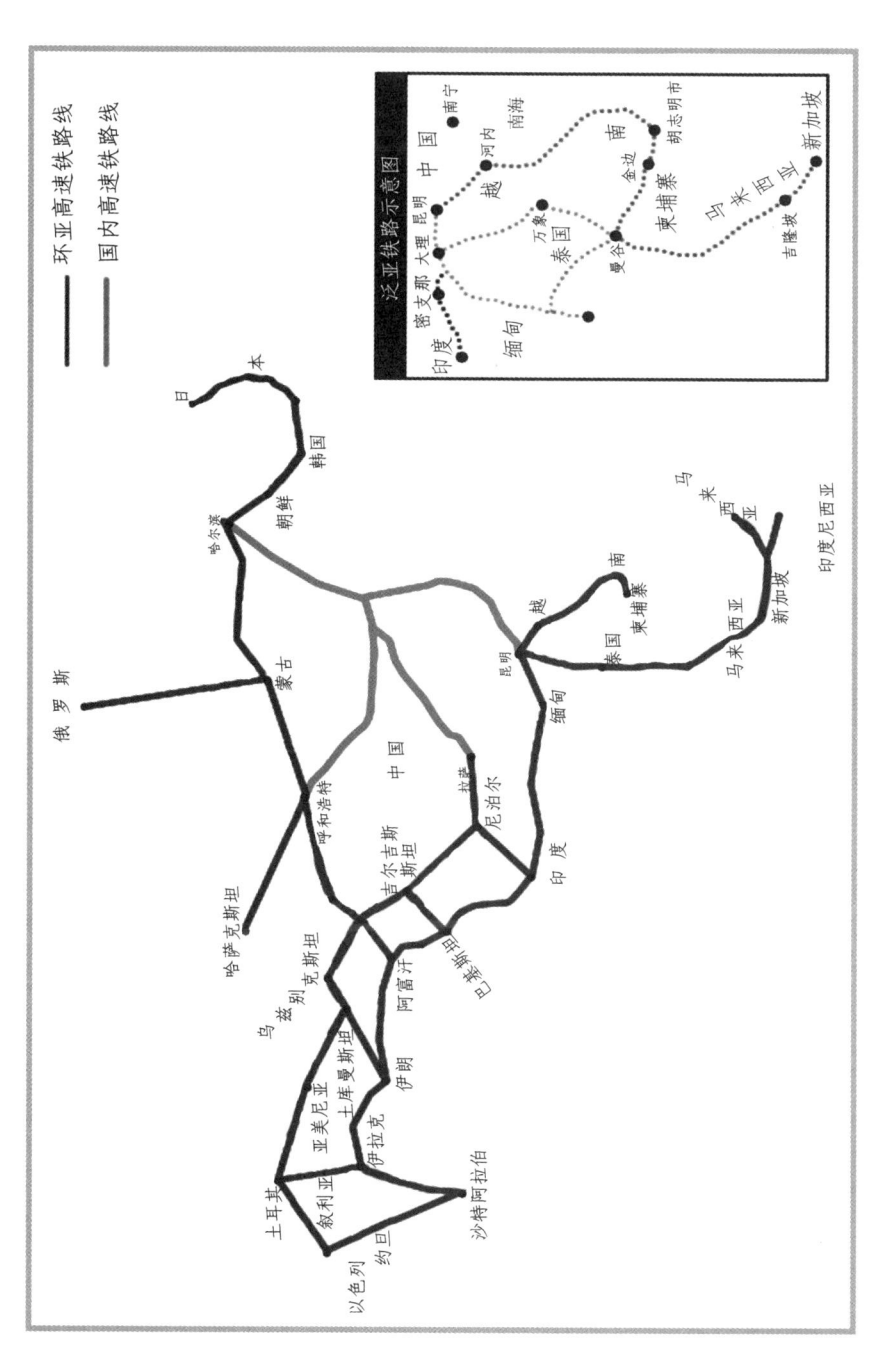

图 7.16 泛亚高速铁路线路示意图

167

7.3.2　Trans European Network 促进欧非一体化

欧洲的高速铁路计划"Trans European Network"致力于打造贯通德国、法国、西班牙、意大利、英国等国家的快速城际列车，缩短欧盟城市间的出行时间，促进欧盟经济发展，实现欧洲一体化。欧洲当前的高速铁路网主要以法国为中心，通过北方线、大西洋线、东南线与地中海线延伸至欧洲其他国家的内部铁路线网，形成欧洲城际快速列车线网。其中，北方线是英国、荷兰、德国 TGV 进入法国的主要通道，法国通过大西洋线直达西班牙，东南线连接法国与瑞士、意大利。

7.3.3　欧亚环线整合"环太平洋经济圈"

欧亚高速铁路规划从伦敦出发，经巴黎、柏林、华沙、基辅，过莫斯科后分成两支，一支进入哈萨克斯坦，另一支遥指远东的哈巴罗夫斯克，之后进入中国。欧亚高速铁路的修建将加速欧盟与俄罗斯、中国的客货运输，减弱由于空间限制造成的地区合作障碍，促进"环太平洋经济圈"的整合。贯通欧亚大陆的交通大动脉将把沿线各国的生产要素重新组合，中国可以成为东部推动力，欧盟为西部推动力，俄国为北部推动力，印度为南部推动力，各个方向的进展在中东汇合。如图 7.17 所示。

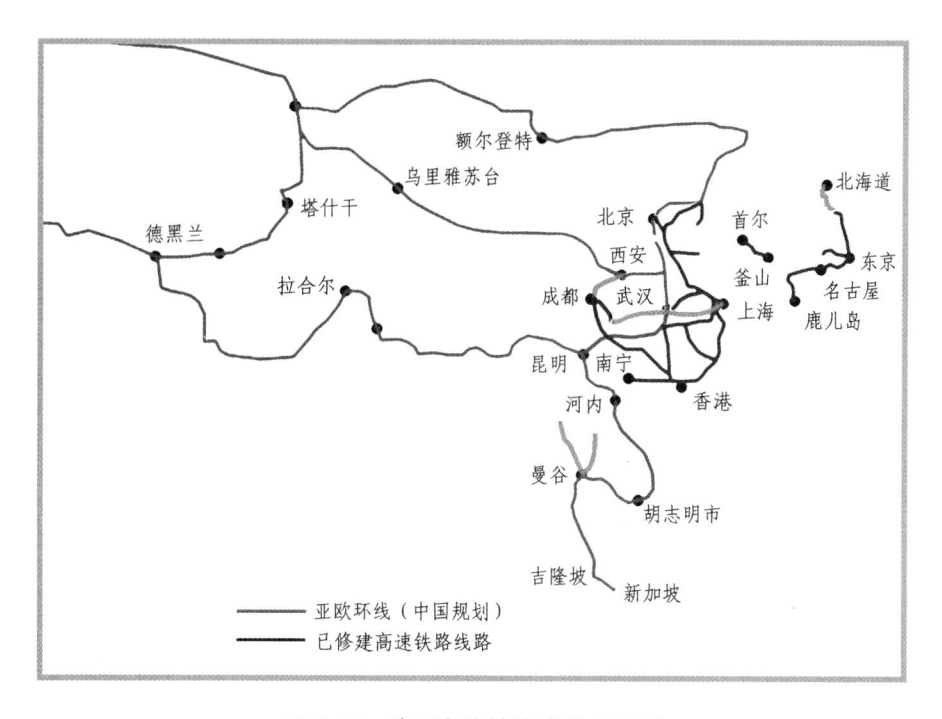

图 7.17 欧亚高速铁路线路示意图

7.3.4 中美越洋线促进世界"地球村"

中国高速铁路与美国高速铁路的衔接主要可以通过两条路径，其中一条是通过中国欧亚线进入欧洲，再通过欧洲进入美洲，但是依照短期内的科学技术难以实现高速铁路线路横跨大西洋，所以中国跨越欧洲与美国相连的规划目前难以实现。另外一条是中国高速铁路可经过俄罗斯东北部，穿越白令海峡，进入加拿大，再穿过加拿大进入美国。这一条路径主要从中国北京出发，通过东北部的哈尔滨进入俄罗斯的雅库茨克，穿越俄罗斯的东部达到白令海峡，通过修建海底隧道进入加拿大的西部城市费尔班克斯，沿着怀特霍斯、麦克默里堡、埃德蒙顿跨越加拿大进入美国的北部城市哈佛，再通过哈佛直接与美国的中部城市丹佛相连。第二条规划路径沿途主要需要克服两个技术难题：一方面是需要横穿俄罗斯的东部严寒区域，高速线路需要克服在冰雪严寒条件下的安全运营，目前该技术基本成功解

高铁简史

决；一方面是需要跨越白令海峡，修建海底隧道是另一项需要攻克的技术难题。目前该技术还在攻关阶段。如图 7.18 所示。

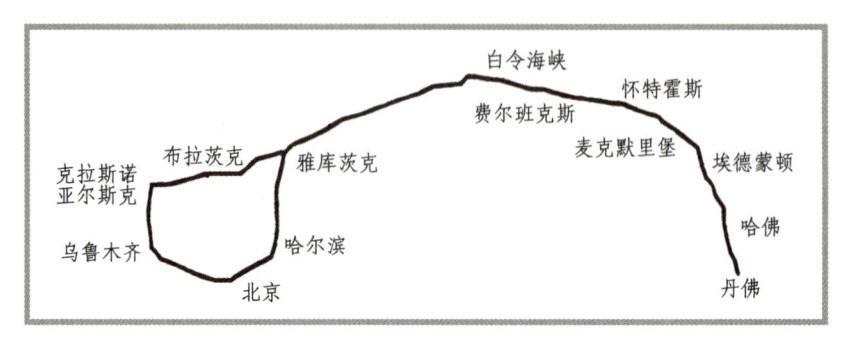

图 7.18　中美高速铁路规划线路

中方有意与俄加美合作，建设一条横跨白令海峡，长达上万千米的高铁，连接亚美两个大洲。从东北出发一路往北，经西伯利亚抵达白令海峡，以修建隧道的方式穿过太平洋，抵达阿拉斯加，再从阿拉斯加去往加拿大，最终抵达美国。

7.4　超级高铁下的地球村

随着高速铁路技术的成熟，高速铁路将渐渐替代普通的铁路线路，成为与航空竞争的地面快速运输方式。高速铁路不仅能够缩短地区之间的出行时间，加速区域间经济合作，并且对以后的世界政治格局具有重要的战略意义。世界各国规划投资建设高速铁路，是早日实现与世界接轨的重要途径。所以，中国高速铁路作为满足人民日常出行需要的常态化交通工具已开始向国际化、世界化转变，如今的中国高速铁路已不仅仅代表一种交通工具，而是代表整个中国的高速铁路水平和时代精神，是一种综合实力的展现。

2024 年，全球高速铁路总里程将达到 4.2 万千米，世界将进入"高铁时代"，实现世界高速铁路网络化。那时亚洲、欧洲、美洲和非洲的高速铁路一体化，我们可以坐着高速铁路周游世界。中国高速铁路正站在世界铁路的前沿，与世界共同应对全球性挑战，谋划未来，为人类创造美好生活新时空而不懈奋斗。

7.5 小　结

1964 年，世界第一条高速铁路在日本通行，世界范围内掀起第一轮"高铁热"，但由于技术层面的问题，高速铁路没有得到大力发展，而且运营速度低于 300 km/h 运营。1995 年，法国高速铁路技术成为全欧高速火车的技术标准，并出口海外，世界范围内掀起第二轮"高铁热"，但由于世界经济不景气，特别是发展中国家经济能力有限，高速铁路只在经济发达的大国之间进行建设和运营。2008 年，中国高速铁路发展，世界范围内掀起第三轮"高铁热"，由于高速铁路技术的先进、成熟、经济、适用、可靠。2012 年，高速铁路不但建设成本降低，而且发展中国家经济有了发展，所以高速铁路在发展中国家也得到了建设和运营。

高铁发展对国家及地区发展战略影响重大。当前世界各国都开始修建跨国高速铁路，尽快实现国家及地区间的路面快速通道，消除国家间由于地理位置限制的影响，加快地区间经济和资源的交流合作。从国家发展大局上考虑，高速铁路具有深远的战略影响，从战略方面可以保障国家安全。特别从全球发展大局上考虑，高铁的发展对于世界政治经济有十分深远的影响，高铁可以促进世界一体化，实现"地球村"。

参考文献

[1] 李有观. 世界进入高速铁路时代[J]. 交通与运输, 2013（1）: 17-18.

[2] 吕忠扬. 我国高速铁路可持续性竞争优势研究[D]. 北京交通大学, 2015.

[3] 邢朋凯. 我国高铁网络的形成及发展演化[J]. 当代经济, 2017（3）: 28-30.

[4] 卢春房. 中国高速铁路的技术特点[J]. 科技导报, 2015（18）: 13-19.

[5] 沉钧. 中国高铁创多个世界第一[J]. 交通与运输, 2017（2）: 44.

[6] 许柯. 高铁客运车站人性化设计和使用的探讨[D]. 复旦大学, 2014.

[7] 田甜, 李泰澧, 黎国清, 等. 高铁隧道衬砌拱顶空洞对列车荷载响应研究[J]. 地下空间与工程学报, 2016（S2）: 669-677.

[8] 黄洁. 基于高铁网络的中国省会城市可达性[D]. 江西师范大学, 2016.

[9] 王凤学. 中国高速铁路对区域经济发展影响研究[D]. 吉林大学, 2012.

[10] 殷平. 高速铁路与区域旅游新格局构建: 以郑西高铁为例[J]. 旅游学刊, 2012（12）: 47-53.

[11] 赵红丽, 董博, 于兆华. 高速铁路与航空旅客出行选择特征研究[J]. 铁道运输与经济, 2013（11）: 32-36.

[12] 陈绪勇. 真空管道磁悬浮列车空气动力学问题仿真分析[D]. 西南交通大学, 2013.

[13] 孙枫, 汪德根, 牛玉. 高速铁路与汽车和航空的竞争格局分析[J]. 地理研究, 2017（1）: 171-187.

[14] 梁晓红, 齐曼玉, 谭克虎. 泛欧高速铁路快捷运输业务模式研究[J]. 铁道运输与经济, 2017（2）: 79-84.

·参考文献·

[15] AKGUNGOR A P，DEMIREL A. Evaluation of Ankara – Istanbul high speed train project[J]. Transport，2007，22（1）.

[16] 李鹏，王彤，宋玉. 基于 Virtools 的高速列车三维仿真系统实现及技术研究[J]. 中国铁路，2013（7）：40-42，47.

[17] 彭其渊，李建光，杨宇翔，等. 高速铁路建设对我国铁路运输的影响[J].西南交通大学学报，2016（3）：525-533.

[18] 赵莹,商拥辉. 高速列车动载作用下路基动力特性及累积变形规律研究[J]. 铁道标准设计，2017（7）：56-61.

[19] 王亦军. 中国高速铁路建设回顾与发展思考[J]. 铁道经济研究，2016（1）：6-11.

[20] 赵云，李雪梅，韦功鼎. 高速铁路对区域经济系统的影响研究[J]. 铁道运输与经济，2015（3）：7-13.

[21] 范钦海. 高速铁路的主要技术特征与高速动车组[J]. 机车电传动，2003（5）：5-9.

[22] THOMPSON，CLIVE. The Next Pipe Dream[J]. Smithsonian，2015，46（4）：17-18，20，23.

[23] 周晓，张耀平，姚应峰. 真空管道中高速列车空气阻力数值仿真[J]. 科学技术与工程，2008，8（6）.

[24] 王素玉，王家素. 高温超导电磁悬浮[J]. 低温与超导，1999（4）：8-12.

[25] 林国斌，连级三. 日本磁悬浮高速铁路发展情况及山梨试验线的技术与系统特点[J]. 机车电传动，1998（4）：5-8.

[26] 胡思继，张继之. 德国磁悬浮高速铁路系统[J]. 世界铁路，1993（2）：17-19.

[27] 盛蓉蓉. 中低速磁浮交通牵引供电系统接地保护研究[J]. 铁道工程学报, 2016, 33（10）.

[28] MNICH P, 王渤洪. 德国和日本磁悬浮高速铁路系统的现状和比较[J]. 大功率变流技术, 2001（6）: 1-8.

[29] 申月, 胡思继. 高速铁路与高速磁悬浮铁路通过能力的比较研究[J]. 技术经济, 2002（9）: 39-40.

[30] 胡思继, 徐源泉. TR 磁悬浮高速铁路系统的技术经济分析[J]. 北京交通大学学报, 1993（3）: 233-237.

[31] KEN NAGASHIMA, 周贤全. 超导磁悬浮的研发及将其技术用于常规铁路系统的研究[J]. 国外铁道车辆, 2017, 54（2）: 25-28.

[32] 汤兆平, 孙剑萍, 吴灵波. 真空管道运输系统的空气动力学分析及优化设计[J]. 机床与液压, 2014（21）.

[33] 邹振民. 21 世纪的超导磁悬浮列车[J]. 铁道通信信号, 2002, 38(6): 39-41.

[34] 瓦丁（KALIANKOVICH VADZIM）. 欧盟、俄罗斯与中国交通运输模式新进展研究[D]. 兰州交通大学, 2014.

[35] "超级高铁"：车厢真空管道中飞驰[J]. 机械工程师, 2013.

[36] 杨慧君. 超级高铁：高速航天器的跨界演出[N]. 中国航天报, 2016-05-21: 004.

[37] 陈茜. 超级高铁引领未来新时速[J]. 现代工业经济和信息化, 2013, 17（13）: 80-81.

[38] 张配豪. "超级高铁"能否顺利出发[J]. 人民周刊, 2016.

[39] 超级高铁：像炮弹那样前进[J]. 大众科学, 2016.

[40] 谷江敏. 秒杀磁悬浮的交通工具：超级高铁[R]. 中国经济报告, 2016.